教育のあり方を問う

政策批判と「子ども事件」

山田　稔

SUNRISE

はじめに

　2010年、私はこれまでの半生をふりかえって、『ともに希望を紡いで　—ある高校教師の戦後史—』との小著を上梓しました。

　また、2012年には、それに収録できなかった論稿・雑稿を集めて、『道　ひとすじに　—折々の論稿・雑稿を編む—』を刊行しました。

　それから8年近くが経過しました。この間のまとまった仕事としては、『松尾芭蕉と近江』（三学出版、2018年）の刊行があります。

　今、政治や経済、そして教育や社会情勢もめまぐるしく変転しています。そのなかで、「これは黙っておられない」との思いで書きあげた原稿、かかわってきた諸組織での話題提供、要請に応えてまとめたもの、ふと思いたって綴った文章など、結構、雑稿が溜まってしまいました。

　悪い癖でしょうか、一つにまとめておけば便利かなと思い、教育に関わる論考を中心に『教育のあり方を問う　—政策批判と「子ども事件」—』と名付けて、小著を編みました。

　発表の機会を与えていただいた関係の皆さんに感謝申し上げます。

　なお、主題は別でも内容的には重なるところが多々あります。重複はできるだけ避けましたが、行論の都合上そのままにしたところもあります。ご了承ください。

　ご照覧、ご批判いただければ幸いです。

目　次

第2章　「子ども事件」を読み解く

おわりに

第1章

「上からの教育改革」を斬る

① 教員免許更新制をどう見るか

（初出：滋賀県民主教育研究所『年報・教育研究しが』2009年9月）

はじめに

　2009（平成21）年4月1日から、「教員免許更新制」がスタートしました。医師や弁護士や保健士・看護師など、他の免許資格と同じように、教員免許もこれまでは「終身制」でした。それがこれからは10年間の期限付きになり、10年ごとに大学などで30時間以上の「免許更新講習」を受講し、試験に合格しなければ、免許状が失効することになったのです。

　これから新しく教員免許を取得する人に適用されるだけではありません。現に教職に就いている教員も、すべて10年ごとに同じように大学などで30時間以上の「免許更新講習」を受講し、合格が認定されなければ、免許状が失効するというのです。

「教員免許更新制」がどのような趣旨や経過で導入されたのか、そこにはどのような矛盾や問題点があるのか、そのねらいは何なのかについて、私なりにまとめてみました。

　ことは、子どもたちの教育にかかわる大問題です。ぜひご一緒に考えていただきたいと思います。

1　教員免許更新制導入の経過

1）　今回の教員免許更新制導入のきっかけになったのは、小渕首相が私的諮問機関として設けた教育改革国民会議でした。2000（平成12）年12月に出された最終報告の「新しい時代に新しい学校づくりを」との項目のなかで次のような提言がなされました。

　「非常勤、任期制教員、社会人教員など、雇用形態を多様化する。教師の採用方法については入口を多様にし、採用後の勤務状況などの評価を重視する。免許更新制の可能性を検討する」

２） 2001（平成13）年4月、文部科学大臣は、教育改革国民会議の報告を受けて早速、中央教育審議会（以下、中教審と略）に「今後の教員免許制度の在り方について」諮問、「免許更新制の可能性の検討」を求めました。

３） これに対して、中教審は2001年12月「中間報告」を、2002（平成14）年2月に「最終報告」を行いました。そこでは、教員免許更新制は、

① 教員の適格性を審査するためか、教員の専門性の維持・向上を図るためか。

② 仮に教員の専門性の維持・向上を図る場合、現行の研修制度との関係をどう考えるのか。

③ 現行の研修制度と比較して、大きな制度改正に見合う効果が得られるのか。

④ 免許状が更新されなかった場合、現行の公務員制度のもとで免職できるのか。それとも教員以外の職に転職させるのか。

⑤ 医師、看護師、弁護士などの他の専門職の資格が終身有効となっているなかで、教員免許だけに更新制を導入するのが妥当かどうか。　　　　　　　　　　　（下線は引用者、以下同じ）

などの検討課題を挙げ、免許更新制の導入を見送りました。いずれもうなずける問題点の指摘だったように思われます。また、免許更新制に代わって、10年経験者研修の新設を提言しました（2003年度から実施）。

４） ところが、2004（平成16）年8月、河村文科相は「義務教育の改革案」を発表、教員免許更新制の導入を提示しました。さらに、同年9月、文科相の私的諮問機関「これからの教育を語る懇談会」（会長：牛尾治朗ウシオ電機会長）も免許更新制の導入を提言。こうした経過を受けて、同年10月、文科相は免許更新制の導入について、再度、中教審に諮問を行いました（教育の問題状況は変わらないのに、わずか2年で

同じ案件についての再諮問は極めて異例のことです）。

5） 2005（平成17）年、中教審は3年前の報告で指摘した問題点の解明
は何ら行わないまま、「教員免許状を取得した後も、社会状況の変化
等に対応して、その時々で求められる教師として必要な資質能力が確
実に保持されるよう、定期的に資質能力の必要な刷新（リニューアル）
を図ることが必要であり」、そのための方策として教員免許更新制を
導入する方向で検討する旨答申しました。しかし、その際にも、「我
が国の教師の指導力が高いことについて正当な評価がなされないま
ま、教師に対する不信のみから教員免許更新制を導入するのであれ
ば、教師の意欲を喪失させる恐れがある。（中略）教員免許更新制の導
入により、教師への人材登用の途を狭めることや、教師の身分を不安
定にしたり、過剰な負担感を与え教職の魅力を低下させることのない
よう留意する必要がある」と付け加えざるを得ませんでした。

6） 2006（平成18）年7月、中教審は教員免許更新制を導入すべきだと
して、具体的な制度設計について答申を行いました。そこでは、これ
までの中教審の論議の経緯を全く無視して、何の具体的な根拠も示さ
ずに、

「教員としての必要な資質能力は、本来的に時代の進展に応じて更新
が図られるべき性格を有しており、教員免許制度を恒常的に変化する
教員として必要な資質能力を担保する制度として、再構築する必要が
ある」

と、免許更新制導入の理由を述べています。私はこれを読んで唖然と
しました。なぜなら、教員免許が「本来的に」更新が必要なものとす
るならば、戦前（1900〈明治33〉年）の教員免許令以後、今日まで110年
近くにわたって行われてきたわが国の教員免許終身制は「本来的に」
間違っていた、そこでは「教員としての必要な資質能力」が「担保」
されていなかった、ということになるからです。これほどの暴論が公

的な文書に堂々と書かれるとは、驚くほかありません。

7） 2006年12月22日、安倍内閣のもとで新「教育基本法」公布・施行。

8） 2007（平成19）年1月24日、教育再生会議第1次報告。

「国は、教育職員免許法を改正して、教員免許更新制を導入し、教員の更なる資質向上を図る。その際、講習受講のみで更新するのではなく、メリハリのある講習と、教員の実情や外部評価も勘案しつつ、講習の修了認定を厳格に行う仕組みとする」

9） 2007（平成19）年3月10日中教審「教育基本法の改正を受けて緊急に必要とされる教育制度の改正について」答申。文部科学大臣からの「諮問」ではなく、「審議要請」を受けて、わずか1ヶ月あまりで、学校教育法・地方教育行政の組織と運営に関する法律・教育職員免許法の「改正」について答申しました。こうした重大な案件であれば、従来は「諮問」から「答申」まで、1〜2年間かけて審議してきました。1ヶ月という審議期間は極めて異例のことです。ここで、今回の免許更新制実施のための教育職員免許法の具体的な「改正」が提起されたわけです。

10） 政府は、2007年4月、教育関連3法改正案を国会に提出。4月17日に趣旨説明が行われ、衆議院では「教育再生に関する特別委員会」に付託され、5月18日、衆議院で自民・公明両党の賛成で可決。参議院に送られ、6月20日に可決、成立しました。こうして2008年度に「予備講習」が実施され、2009年4月から教員免許更新制が本格実施されることとなったわけです。

　以上の経過からも明らかなように、今回の免許更新制の導入は、明らかに、教育の現場からの要求ではなく、教育の外からの、政府・財界を中心とする政治的な要請により、強引にすすめられてきたものです。2002年の「導入見送り」の中教審答申は当時の文科省事務当局の考えでもあったのではないかと私は推察しています。それがなぜわずか3年で

覆ったのか。そこには政治的な圧力が強く働いたに違いありません。

　今から約60年前、教員に対する「勤務評定」が導入された際、「勤評は戦争への一里塚」「上ばかり見るヒラメの教師をつくる」と、長期にわたる大規模な反対闘争が起こり、大きな社会問題となりました（「勤評闘争」＝戦後日本の教員組合運動史上最大規模の闘争）。

　今回の免許更新制の導入は、戦前から110年近く続いてきた日本の教員免許制度の根幹を変える、「勤評」問題とは比較にならないほどの大きな制度改変です。それにもかかわらず、教育現場での議論もほとんどなく、国民には真実がまったく知らされないまま、拙速かつ強引に強行されました。教育の条理を無視した、政治主導での導入であったといわざるをえません。

2　免許更新制実施上の矛盾と問題点

1）　毎年10万人を超える対象者が無事に受講できる保障がない

　今回の教員免許更新制は、教員には免許更新講習を受講する義務を課しましたが、法律上、文科省も地教委も大学も、対象者が滞りなく受講できるよう講座を開講する義務は負っていないのです。

　全国の幼・小・中・高校・特別支援学校の教員は約109万人です。非常勤講師や免許を取得して10年以上経過し教職に就こうとする者も含めると、対象者はさらに増えます。10年ごとに更新講習を受講しなければならないので、毎年、約10〜11万人が受講しなければなりません。ところが、受講対象者がきちんと受講できる制度的保障はまったくないのです。対象者がきちんと受講できる制度的な保障なしに更新制導入に踏み切った文科省の無責任さにはあきれるほかありません。

２）　受講者の物理的・精神的負担が大きく、子どもたちにしわ寄せがいく

　受講申込から、実際に受講し、認定を受け、その上で県教委に免許更新の手続きをする。これらがすべて受講者の「自己責任」にされています。受講料は３万円程度といわれていますが、開講する大学の判断に委ねられています。受講料、会場までの交通費、場合によれば宿泊費まで、すべて教師個々の自己負担です。いったい、どれだけの費用がかかるのか、その時にならなければわからないのです。

　それ以上に問題なのは、受講の申込です。各受講者ごとに受講する会場が決められているわけではありません。各自がインターネットで大学等の開講状況を調べ、受講先を選んで、原則としてインターネットを使って申し込むことになります。しかし、自分の希望通りに受講できる保障はまったくありません。条件の良い所には申込が殺到します。先着順であれば、すぐに定員オーバーになります。抽籤に外れれば、また別の会場を探さなければならない。子どもに自習をさせて、パソコンにべったり向かわざるを得ない事態も予想されます。昨年の予備講習では、ある会場には定員の10倍もの申込が殺到し、先着順の大学では受付開始から数分も経ずに定員をオーバーしたということです。

　夏季休業中といえども、部活の指導や校務出張もあります。５日も６日も時間をとられて、拘束されることになります。

　こうした物理的・精神的な負担が教育活動にプラスになるはずはありません。そのしわよせは、結局は、子どもたちにいくに違いありません。

　しかも、「教員の資質能力のリニューアル」のためであれば、それは実質的には「職務研修」です。にもかかわらず、「免許更新は個人の責任である」とするのは、どう考えても理屈にあいません。

3） 講座を開講する大学側の負担も大変である

　免許更新講習を開講する大学の方も大変です。本務外の仕事であり、しかも、土・日曜日や夏休みなどに開講しなければなりません。文科省から教職課程開講の課程認定を受けている以上、制度に疑問や批判があっても開講せざるを得ない。国からの予算が削られても困る、卒業生が受講を希望すれば応えざるを得ないなどという事情もあります。さらに、講座開設の費用は、開設する大学がすべて独立採算制でまかなうことになっています。受講生の負担を少なくしようとすれば、大学は赤字を覚悟しなければなりません。採算が取れるようにすれば、受講生の負担が増えます。このように多くの矛盾があるなかで、多くの大学がしぶしぶ開講せざるを得ないとすれば、そういう制度自体に問題があると言わなければなりません。

4） 文科省によって、教員の「洗脳」がすすめられはしないか

　更新講習を開講する大学は文科省に申請して、認可を受けなければなりません。その際、文科省からの「規制」が入る恐れがあります。更新講習は、開講する大学が自由に実施できるものではありません。文科省が「講習内容に関する各種基準」をこと細かく決めているからです。

　講座内容には「教育政策の動向についての理解」という項目があり、細目として「学習指導要領改訂などの動向」とあります。講習が文科省の「伝達講習会」となる危険性を否定できません。実施する大学や実際に講義する教員の姿勢にもよりますが、予備講習を受けた東京の中学校教員は、講師から、「学校教育の意味は『人間形成』理念から『サービスとしての教育』へ変化してきた」「『特色ある学校づくり』は学校のなかに新自由主義（競争と自己責任）が入ってきたものだ」との説明を受けたと報告しています（東京の民主教育をすすめる教育研究会議『子どもと生

きる』2008年9月号)。

5)「特別免許状」活用の方針とは相いれない

　2007年の教育再生会議の報告は、教員免許更新制の導入と併せて、「特別免許状」活用による社会人の登用(向こう5年間で、新規採用の2割を充てる)をうちだしました。「特別免許状」とは、本来は、高校の工業科などの特殊な科目で免許状をもった教師が確保できない場合に、「特別に」交付してきたものです。それが、新自由主義と「規制緩和」政策のもとで、財界などの要請を受け容れ、いわば原則「自由化」されました。大学で教職課程を履修して、教師として必要な知識・技能や資質を身につけていなくても、「担当する教科に関する専門的知識又は技能」を有し、「社会的信望があり、教員の職務を行うのに必要な熱意と識見」を持っていると教育委員会が判断さえすれば、交付できるようになったのです。企業の管理職などを教育界に迎えるためでした。

　一方で、大学で教職課程を学び、採用試験という関門をくぐって、現に教職に従事して、それなりに研修にも努めている現職の教員には、10年ごとに更新講習を課し、修了が認定されなければ、免許状を取りあげ、失職させる。他方で、大学で教職課程を履修していない社会人には、教委の判断だけで自由に免許状を交付するというのです。これほど道理にあわないことはないと私は思います。

3　教員免許更新制の不当性と反教育性

　以上、「免許更新制導入の経過」「更新制実施上の矛盾と問題点」を見てきました。最後に、今回の教員免許更新制度そのものについての私の見解を述べておきます。

1) 「教員の身分は尊重される」との大原則を踏みにじっている

1947（昭和22）年に公布・施行された教育基本法は、「教員の身分は尊重され、その待遇の適正が期せられなければならない」（第6条）と規定していました。今回の改定で、「教員の身分は尊重され、その待遇の適正が期せられるとともに、養成と研修の充実が図られなければならない」（第9条）と一部修正されましたが、「教員の身分の尊重」との文言は生きており、教員制度の大原則です。10年間の免許更新制は「教員の身分」尊重の原則に悖り、その身分を不安定なものにします。

1966年10月、ILO（国際労働機関）・ユネスコ「特別政府間会議」が採択した「教員の地位に関する勧告」は、「教員の身分保障」について、次のように述べています。

「45　教職における雇用の安定および身分の保障は、教育および教員の利益にとって不可欠のものであり、学校制度または学校内の組織に変更があった場合にも保護されるものとする」

「46　教員は、その専門職としての地位または経歴に影響を及ぼす恣意的措置から十分に保護されるものとする」

免許更新制の導入が、教員の身分保障に関わるこうした国際的な公理に反することも明らかです。

教員免許更新制は、全国すべての教員の「非正規雇用化（期限付き、任期制）」をはかるものだという指摘があります（佐々木賢「教員免許更新制の背景」『季刊教育法』№158）。まったくその通りだと私も思います。

2) 「教員の資質向上」のためであれば、免許更新制は不要である

免許更新制の導入が議論され始めた当初は、「不適格教員」や「指導力不足教員」の排除が意図されていました。すでに、都道府県教委が「指導力不足」と認定した教員には「指導改善研修」を受けさせ、それ

でも改善されない場合には免職にできる制度が発足しています。2007年度中に「指導力不足」と認定された全国の公立学校の教員は371人でした（2006年度は450人）。いくら多く見積もっても、せいぜい、全教員の0.05％程度です。そのために100万人を超える全教員を対象に更新講習を実施するのは理屈にあいません。そこで、文科省は、今回の免許更新制は、「教員として必要な資質能力の刷新（リニューアル）」が目的であって、「不適格教員の排除」が目的ではないと繰り返し説明しています。しかし、「教員としての資質能力」の保持や向上は、個々の教員が自覚して、自ら、日々努力してこそ図られるものです。

　今日、官制的な研修を受講することが教師の「研修」と見なされていますが、それは根本的に間違っていると私は思っています。「研修」とは、「研究」と「修養」ということです（改定教育基本法においても、その第9条で「法律に定める学校の教員は、自己の崇高な使命を自覚し、絶えず研究と修養に励み……」と規定しています）。

　研究と修養は、本来、個々の教員が自主的・自発的に行うべきものであって、他から強制されるべきものではありません。今日の超多忙な学校現場の状況のもとでも、教師たちは多かれ少なかれ、日々、研修の努力をしていると私は思っています。教育公務員特例法はその第22条で「教育公務員は研修を受ける機会が与えられなければならない」とし、その第2項で「……公務に支障がない限り、所属長の承認を受け、勤務場所を離れて研修を行うことができる」と規定しています。その場合は「職務専念の義務」が免除されます。

　私は1958年に大学を卒業、滋賀県立愛知高校に赴任しました。当時は初任者研修はじめ「天下り研修」はまったくありませんでした。教職に就いた後も専門の日本史の勉強はできれば続けたいと思っていました。そこで、学生時代に所属していた日本史研究会中世史部会の案内を送ってもらいました。授業を振り替え、いわゆる「職専免」で出席したいと

教頭さんに相談しました。そうしたら、教頭のYさんは「山田君、若い時には勉強しておくのが肝心や。遠慮するな」と言って、旅費・日当つきの正規の「出張」で行かせてくれました。教職員組合の仕事が忙しくなり、研究会にはやがて出られなくなってしまいましたが……。

　教育行政が本来行うべきことは、教師の多忙さを解消し、研修に励む機会を保障、奨励することであるはずです。また、「教員としての資質・能力」は、本来、教職経験を積むに従って向上していくはずのものです。20年も30年も教職に従事してきた者に30時間のお仕着せの「講習」を受けさせて、「これでお前の資質・能力は向上した」というのは、あまりにも教師を侮辱していませんか。

　経済協力開発機構（OECD）の学力調査（PISA）で連続して「学力世界一」の成果を上げてきたフィンランドでは、国が教師たちを信頼し、教師に最大限の自由を保障しています。教師たちもまた、その信頼に応えて、自発的に自分の能力やスキルを高めるよう常に努力しているといいます。私は、今回導入された免許更新制は、フィンランドの場合とはまったく逆に、政府や財界の、教師に対する不信と「敵意」ともいうべきものが根底にあるように思われてなりません。国が、教師を信頼し、教師を大事にしないで、教育がよくなるはずはありません。免許更新制が反教育的であると断ずる所以です。

3)　我が国の他の資格制度もほとんどが終身制である

　教員免許の更新制が実施されているのは、アメリカの一部の州だけで、世界各国にその例はまったくありません。

　わが国でも、医師・弁護士・保育士・看護師・公認会計士・社会保険労務士・建築士……など、挙げればキリがありませんが、こうしたすべての免許資格が終身制です。免許に有効期限があるのは、私の知る限り運転免許くらいではないでしょうか。こうしたなかで、教員免許だけに

有効期限を設ける合理的な根拠はまったくありません。また、免許状を交付する際には何の有効期限も設けていなかったのに、今になって、勝手に期限を設けるのは既得権の侵害であり、不当です。法理論上においても大きな問題があります。

おわりに

　昨年、予備講習を受講した小学校教員のOさんは、免許更新制は「教員に対する脅しと強制以外の何ものでもない」と「2008子どもの未来をひらく教育のつどい」（教育研究滋賀県集会）の分科会で述べていました。1回ずつの講義が終わる度に、テストを受けなければならない。認定されなければ失職するとなれば、5日間、午前・午後2科目ずつの講義を必死でメモをとらなければならなかったと言います。

　免許更新制導入の経過や実施上の矛盾や問題点をふり返り、また免許更新制度そのものについて若干の考察を加えた私の結論は、このような反教育的な制度は、一日も早く廃止すべきだということです。

　制度が始まった以上、「少しでも有意義なものにしたい」という開講する側の大学教員の気持ちもわからないことはありません。「どうせ受けなければならないのだったら、少しでも役にたつ講座であってほしい」と多くの教員も思っているでしょう。私は、それらがすべて間違っているとまで言っているのではありません。しかし、今少し、冷静に考えてみてほしいのです。教育の条理にも道理にもあわないこのような制度がなぜかくも強引かつ拙速的に導入されたのか。

「教育は、不当な支配に服することなく、国民全体に対し直接に責任を負って行われるべきものである」（1947教育基本法第10条）との規定が、「教育は、不当な支配に服することなく、この法律及び他の法律の定めるところにより行われるべきものであり……」（改定教育基本法第16条）と変えられてしまいました。まさに「国家による、国家のための教育」を

推進しようとしているのです。道理に合わないこと、筋の通らないことでも、「法律で決まった以上、従わざるを得ない」と不本意ながら免許更新講習を受けさせられるなかで、この国家主義教育の理念が、多くの教師のなかに徐々に浸透していくのではないか。そのことを、私は最も危惧しています。なぜならば、それこそが、かくも強引に免許更新制を導入したものたちの真のねらいだと思うからです。学校教育と教師の実態を少しでも知っているものであれば、10年ごとにわずか30時間の講習を受けさせれば、教師として必要な資質・能力がリニューアル（刷新）できるなどと本気で考えているものはいないでしょう。

「派遣切り」にあった労働者たちが「人間をモノのように使い捨てにするのは許せない！」と声を挙げたことで、流れが少し変わってきました。かつて、平和と民主主義を守るために、多くの人たちが命をかけてたたかってくれたお陰で、今日の日本があります。

　今日のように国会が国民の意思とは大きくかけ離れているもとで、「法律で決まった以上、仕方がない」と、みんなが黙って「悪法」に従っていたのでは、世の中はいつになってもよくはなりません。理不尽なこと、筋の通らないこと、納得のいかないことには、「それは、おかしい！」と声をはり上げていく勇気を持ちたいと、私は常々思っています。

　ことは、子どもたちの幸せと日本の未来にかかわっているのです。

② 「つくる会」の歴史教科書、どこが問題か
——歴史を築いてきた人民のたたかいを冒瀆、誇りを傷つける
　　国民主権をないがしろにし、平和と民主主義の理念にそむく

（初出：「教育基本法を守り生かす県民の会」ニュース第8号、2005年9月6日）

「新しい歴史教科書をつくる会」編集・扶桑社発行の中学校用の歴史教科書については、アジア諸国から厳しい批判や抗議が寄せられ、深刻な外交問題にまで発展してきました。国内においても、歴史学者や歴史教育関係者は言うに及ばず、各方面の広範な人たちから厳しい批判が寄せられています。抗議や批判の主な点は、近現代史におけるアジア近隣諸国への侵略行為の隠蔽（いんぺい）であり、太平洋戦争肯定であり、神話の復活であり、明治憲法礼賛、日本国憲法＝「押しつけられた憲法」として否定的に描いていること等々です。これらの諸点がすべて、当然な指摘であることは言うまでもありません。

　今回、「新しい歴史教科書をつくる会」の内部抗争によって、扶桑社版と自由社版の、ほぼ同じ内容の2種類の教科書が検定を通って、採択を求めて運動をしています。このたび、自由社版の『新しい歴史教科書』と、たまたま手許にあった大阪書籍の『わたしたちの中学校社会』（歴史的分野）の、同一項目ないし関連項目について比較・検討を試みました。その結果、先に挙げたような従来から指摘されてきた問題点に加えて、さらに重要な問題点があることに気がつきました。それは、民衆の生活やそのたたかいを一貫して無視ないし軽視していること、歴史のそれぞれの発展段階における階級対立、階級間のたたかいの記述を回避していること、歴史をおしすすめてきたのは民衆ではなく、天皇であり、時の為政者であり、支配階級であったという立場を一貫して貫いていることなどです。

　これらは、戦後半世紀以上に及ぶ歴史学研究の成果を無視し、国民こ

そが国の主権者であり、歴史の主人公であるという日本国憲法の精神
（例えば、「この憲法が日本国民に保障する基本的人権は、人類の多年にわた
る自由獲得の努力の成果であって……」憲法第97条）を完全に否定するもの
です。まさに憲法違反の教科書と言わざるを得ません。

　以下、今回の比較・検討作業を通じて気づいた点を列挙します。
教科書採択にあたっての参考資料として、広く活用していただければ幸
いです。

① 　歴史発展のそれぞれの段階における民衆の生活の様子、そのおかれ
　　た状態、暮らしぶりなどについてきわめて冷淡である（以下、例示）。
　　・ほとんどの教科書が紹介している山上憶良の『貧窮問答歌』を
　　　無視している。
　　・江戸時代の歴史学習で欠かすことのできない「飢饉と百姓一揆」
　　　は項目さえない。
　　・戦後、人々の暮らしや日本社会のあり方が大きく変わったことを
　　　示す「民主化の進展」についてまったく記述していない。
② 　暮らしを守り、生活を高めるための民衆のたたかいを軽視ないし無
　　視している。
　　日本の歴史をおしすすめてきた民衆の役割について、意図的に軽視
　　ないし無視している。
　　・鎌倉時代の農民のくらし、他社の教科書でとりあげている「紀伊
　　　国阿氐河庄百姓訴状」にも触れていない。
　　・現行教科書が必ず掲載している江戸時代の百姓一揆の件数の推移
　　　（グラフ）を掲載せず。百姓一揆・うちこわしを独立した項目とし
　　　てとりあげていない。
　　・幕末（慶応）の世直し一揆・うちこわしについても、まったく記述
　　　せず、民衆のたたかいが幕府滅亡の根本的な要因であったことを

無視している。
・自由民権運動の記述はきわめて表面的でお粗末である。１万人
　の民衆が蜂起し、軍隊を出動させてようやく鎮圧した日本近代史
　上最大の民衆蜂起である秩父事件をはじめ「民権左派の決起」と
　呼ばれている一連の事件を完全に無視している。
③　それぞれの時代における社会の諸階層間の対立関係、階級対立を意
　図的に隠蔽し、恣意的に、各社会階層が相互依存関係、持ちつ持た
　れつの関係にあったとしている。
・邪馬台国について、大阪書籍では「王から奴隷までの身分があ
　り」と記述している（『魏志倭人伝』では「尊卑各々差序あり」とし
　て、「大人」と「下戸」「生口」の三つの身分を記載している）。とこ
　ろが、こうした内容がすべて省かれている。
・江戸時代の百姓一揆について、幕府や大名が過酷な弾圧を加えた
　こと（首謀者は必ず磔に処した）には一切ふれず、「幕府や大名は、
　うったえに応じることもしばしばあった」と一面的な記述を行っ
　ている。
④　神武天皇以来の「万世一系の天皇」がこの日本を一貫して統治して
　きたとしして、天皇を賛美しようとしている。
・太平洋戦争が、天皇の名による米英両国への宣戦布告の「大詔」
　発布によって始まった事実は隠蔽し、「昭和天皇の聖断」によっ
　て戦争が終結したことだけを大きくとりあげている。
・「人物コラム」で、まる１ページをとって「昭和天皇」を「一貫
　して国民とともに歩まれた生涯だった」と礼賛。
⑤　大日本帝国憲法を「アジアで最初の近代憲法」と礼賛し、日本国憲
　法は「占領軍に押しつけられた憲法」として否定的に記述している。
・「五箇条の御誓文」では「議会を設置し、公議世論に基づいて政
　治を行うこと、言論活動を活発にすることなどがうたわれてい

た」と記述している。さらに、「アジアで最初の成文憲法」の項を「五箇条の御誓文は、その第1条で立憲政治の確立を国の根本方針として宣言した」との記述で始めている。これらはいずれも、歴史の真実を欺くものである。

・「条約改正と近代国家建設のために、憲法と国会が必要であると考える点では、明治政府も自由民権派も違いはなかったが、自由民権派は急速にことをすすめようとし、政府は着実にすすめようとしていた」と記述している。これは、「天皇主権」と「人民主権」との根本的な対立関係を隠蔽するだけではなく、「急速にすすめようとした」民権派よりも「着実にすすめようとした」明治政府の方が正しかったと、帝国憲法制定を合理化しようとする論理である。

・帝国憲法の項で「国家の統治権は天皇にあるとし、……また天皇に政治的責任をおわせないこともうたわれた」との記述は、帝国憲法にそうした規定があったとするもので、明白な歴史の偽造である。

・日本国憲法の制定過程について、自由民権運動の際に作成された民間の憲法案をもとに戦後、「憲法研究会」などが独自の案を作成しており、GHQがそれらを参考にした歴史的事実は無視し、「GHQは、……わずか1週間でみずから作成した憲法草案を日本政府に示し……」と、ことさらに「押しつけ憲法」であることを強調している。

・「教育勅語」を「国民としての心得を説いた教えで、……近代日本人の人格の背骨をなすものとなった」と礼賛している。

⑥　全体として、天皇中心、為政者中心の歴史叙述となっており、天皇や時の為政者をことさらに美化・擁護し、彼らにとって都合の悪いことは叙述しないという恣意的な姿勢で貫かれている。

・日本の近現代史を治安維持法抜きに語ることはできない。大阪書籍の教科書では、3ヶ所にわたって治安維持法に言及している。(1925年、普通選挙制の実施と抱き合わせで制定されたこと。1928年、民衆運動の高まりに対して、最高刑を死刑に引き上げ、弾圧を強めたこと。第2次大戦後の「民主化」措置により廃止されたこと)。
ところが、扶桑社版の教科書では、「共産主義とファシズムの台頭」の項での脚注でわずかにふれているにすぎない。まさに「都合の悪いことは書かない」、歴史的事実の隠蔽そのものである。

⑦　さらに、すでに内外からるる指摘されているように、近現代史におけるアジアへの侵略の歴史を正当化し、かつての太平洋戦争を「大東亜戦争」＝アジア解放のための戦争として肯定していることは重大である。

結論

「新しい歴史教科書」と銘打って仰々しく宣伝していますが、その内容はまさに戦前の国定教科書、皇国史観にたつ教科書の復活版というべきであって、「新しい」内容はまったくなく、時代錯誤の内容を、資料や図版、編集の工夫で「新しく」見せかけているにすぎません。
　この教科書の執筆者たちは、「自国の歴史に誇りを持て」と叫んでいますが、彼らこそ、日本の歴史を営々と築いてきた日本人民の努力やそのたたかいを冒瀆し、誇りを傷つけているのです。彼らが立脚している基本的な立場は、大日本帝国憲法肯定、日本国憲法否定であって、まさに憲法違反の教科書と言わざるを得ません。

③　「戦争をする人づくり」へ
── 安倍「教育改革」の行方

（初出：「滋賀文化懇話会」話題提供資料　2016年11月4日）

はじめに

「これまでの日本の教育には、政府のさしずによって動かされるところが多かった。……政治によってゆがめられた教育を通じて、太平洋戦争を頂点とする日本の悲劇が着々と用意されていったのである」（文部省編『民主主義』1948 ～ 49年）

　戦前の国家主義的な教育に対する厳しい反省から、戦後の教育は出発しました。

　旧教育基本法の第10条は「教育は、不当な支配に服することなく、国民全体に対し直接に責任を負って行われるべきものである」と規定していました。この条文について、金森国務大臣は「第10条は……教育行政の任務の本質とその限界を明らかにいたした次第」だと提案理由を説明しました。したがって、教育に対する行政権力による「不当な支配」を排除するというのが法制定の趣旨であったことは明白です。

　私は、この条文のなかで、下線のように、「国民全体に対し直接に責任を負って」と規定したところが大変重要だと思っています。戦前の「小学校令」は「訓導ハ、校長ノ命ヲ承ケ児童ノ教育ヲ掌ル」と規定していました。「校長ノ命令」は「天皇ノ命令」でした。それが、戦後の「学校教育法」では「教諭は児童の教育をつかさどる」と、簡潔明瞭に規定しています。教師は、校長の命令にもとづいて教育活動をしているのではありません。目の前にいる子どもたちとその親たちに直接に責任を負って教育活動をしているのです。

　2015（平成27）年、安倍内閣は、国民の強い反対を押し切り、平和憲法

を踏みにじって、「集団的自衛権」を容認し、「戦争法」を強行しました。この日本を「戦争をする国」に作り変えようとしているのです。「戦争をする国」を作るためには、「戦争をする人」がどうしても必要です。

　あの大戦の痛苦な反省を投げ捨て、教育が再び「国策遂行の手段」とされようとしているのです。

　改めて、安倍「教育改革」が学校をどう変えつつあるのか。今、焦点になっている「国定化に近づく教科書検定」「ゼロ・トレランス」「学校スタンダード」の三つについて、若干の考察を加えてみました。大方のご批判をいただければ幸いです。

1　「戦争をする人づくり」へ
── 教科書「国定化」ねらう検定強化

　2013（平成25）年6月、自民党教育再生実行本部の「教科書検定の在り方特別部会」が教科書検定と採択制度の改定について「中間まとめ」を出しました。それをもとに文科省が検定基準などの改定案を作成、教科用図書検定調査審議会はわずか2回の会議でこれを了承、異常な拙速で、検定基準が改定されました。

　小・中学校社会科、高校地歴科・公民科の改定内容は次の3点でした。
① 　未確定な時事的事象について、特定の事柄を強調しないこと（追加）。
② 　近現代の歴史的事象のうち、通説的な見解がない数字などの事項については、通説的な見解がないことを明示し、子どもが誤解するおそれのある表現をしないこと（新設）。
③ 　閣議決定などの政府の統一的な見解や最高裁判所の判例にもとづいて記述すること（新設）。

　さらに、文科省は検定基準の改悪だけではなく、「検定審査要項」（検定審議会の内規）も改定、「教育基本法の目標等に照らして重大な欠陥が

あれば検定不合とする」という規定を追加しました。「愛国心が不十分」などと「重大な欠陥がある」と審議会が判断すれば、申請図書の個々の記述を審査しないで、不合格にできることになったのです。「一発不合格」の規定であり、出版社への「威嚇効果」「萎縮効果」は抜群です。

1） 高校教科書検定の実態

　文科省は、2016（平成28）年3月18日、2017年度から使用する高校教科書の検定結果を公表しました。それによると、前記の検定基準と内規変更の効果は歴然たるものがありました。地歴科・公民科の平均意見数は16件で、4年前の検定と比べて激減しました。出版社側が「一発不合格」を恐れて、「検定意見」のつかない「無難」な記述をしたからにほかなりません。また、教科書調査官（検定官）が作成した「調査意見」の約90％が検定審議会の「検定意見」となっています。常勤の文科省職員である検定官の意見がそのまま出版社を拘束するのは、国家の教育内容への露骨な介入以外の何ものでもありません。

　さらに、前述の「検定基準」の改定（「通説的な見解がない数字……」）も、重大な結果をもたらしています。一、二の例をあげてみましょう。
　○　関東大震災における朝鮮人虐殺について
　　「6000人以上の朝鮮人と約500人の中国人を虐殺した」との申請本の記述に対して、「6000人以上」を「おびただしい数」と修正させ、脚注に色々な数字を列挙した上で、「虐殺された人数は定まっていない」と記述させた。
　○　南京大虐殺の犠牲者について
　　「中国人約20万人を殺害し」という2011年度検定に合格し、現在も使用されている同じ記述の申請本に対して、検定で「20万人」を「おびただしい数」に改め、「10数万」「数万」などの数字を列挙した上で、ここでも「人数は定まっていない」と書き加えさせた。

2）　政府見解をそのまま記述させる

　前記の「閣議決定などの政府の統一的な見解を記述せよ」との審査基準の改定が適用された例を見ておきます。

　2015年、国論を真っ二つにした「安保法制」に関して、「……日本が世界のどこでも戦争ができる国になる……」という記述が、「……平和主義のあり方が大きな転換点を迎えている……」と書き換えさせられました。また、「政府は……積極的平和主義を政策として掲げ、アメリカとの軍事同盟を強化する政策を打ち出している」との記述は、「政府は……国際社会における平和の実現のための国際協力や貢献をアメリカとの軍事同盟を軸に取り組んでいく方針を示している」との記述に変更させました。さらに「積極的平和主義（第2次安倍内閣の政策として掲げられた国際協調主義にもとづく考え方）の取り組みを、主権者である私たちは具体的に理解し、選択・評価していく必要がある」とまで記述させています。

　焦点になっている日本軍「従軍慰安婦」問題についても、「強制はなかった」とする政府見解を強引に記述させています。「政府、強制連行を謝罪」との見出しの河野談話を報道した新聞記事を掲載した教科書に対して、写真を別のものに変えさせました。

　近現代史の事実については、さまざまな見解があります。しかし、そのなかで、科学的な歴史研究に基づいて確定してきた「通説」も多くあります。それらを多面的に学ぶことこそ、学校教育の場で求められるのではないでしょうか。

　戦後の歴史研究が積み上げてきた結果を「自虐史観」として一方的に非難する「靖国史観」という特異な考え方に立脚する「日本会議」のメンバーによって、今の安倍内閣は構成されています。そうした政府の見

解を、恣意的な「教科書検定」を通じて、子どもたちに押しつけること
が許されていいはずはありません。

　まさに、「戦争をする国づくり」のために、「戦争をする人づくり」が
着々と推し進められつつあるのです。私は声を大にして、警鐘を鳴ら
したいと思っています。

　（この項は主として、俵義文「『戦争する国』づくりと教科書検定」、『経済』
2016年9月号に拠った）

2　ゼロ・トレランス (zero tolerance) って、いったい何?

1)　アメリカから始まったゼロ・トレランス

　トレランスとは寛容ということです。従って「ゼロ・トレランス」と
は「寛容度ゼロの生徒指導」ということになります。校内暴力などが深
刻化した1970年代のアメリカで、その対策として考案されました。具体
的には、生徒の問題行動に対して、詳細な罰則を定めておき、これに違
反したら、速やかに例外なく罰を与える。改善が認められない場合に
は、退学処分を科すというものです。1990年代に入って本格的に導入さ
れました。1994年には、連邦議会が各州に同方式の法案化を義務付けま
した。もともとは教育用語ではなく、犯罪学の領域で提示され、防犯政
策の基礎となった「割れ窓理論」に依拠したものです。一つの窓が割れ
ていると、それ自体は大したことでなくても、その街が無秩序であるこ
とを表し、やがて大きな犯罪を招くというのです。

　私たちの年代のものは、昔（1960年代）、民間企業で「ZD運動」とい
うものがあったことを思い出します。ZDとは、zero defects「無欠点運
動」ということです。1962年、アメリカのミサイル生産現場で導入され
たのが始まりで、不良品や欠陥、ミスなどを徹底的に無くすことを目指
した経営効率化運動です。60年代半ばには、高度経済成長期の日本の民

間企業にも導入され、「生産性向上運動」の一環として広がり、労働者に労働強化をもたらしました。旧国鉄の「マル生」運動が有名です。ゼロ・トレランスはつまるところ、このZD運動の「教育版」だと私は思っています。

2）　2000年代には、日本でも導入される

2004年6月、長崎県佐世保市で小学6年生女子の同級生刺殺事件（P.129参照）が起きたことを受けて、文部科学省が「児童生徒問題行動プロジェクトチーム」を立ち上げました。国立教育政策研究所生徒指導研究センターでも、2005年度から「生徒指導体制の在り方についての調査研究」に取り組みます。その際「学校内の規律の維持を志向する『ゼロ・トレランス（毅然とした対応）方式』のような生徒指導の取組についても調査研究する」と指摘されたのが導入の始まりです。翌2006年1月の文科省発行の『生徒指導メールマガジン』第16号では、同省の坪田真明児童生徒課長が「ゼロ・トレランス方式」について、次のように述べていました。

（前略）　学校規律の違反行為に対するペナルティの適用を基準化し、これを厳格に適用することで学校規律の維持を図ろうとする考え方であり、軽微な違反行為を放置すれば、より重大な違反行為に発展するという「割れ窓理論」による説明も見られます。（中略）施策の名称はともかく、その根底にある「（処罰）基準の明確化とその公正な運用」という理念そのものは、学校規律という身近で基本的な規範の維持を指導、浸透させる過程で、児童生徒の規範意識（一定の規範に従って行動するという意識）を育成するという観点から、我が国の生徒指導の在り方を考える上でも参考とすべき点が少なくないものと考えています。（後略）

3） ゼロ・トレランスの実態

　以下、二つの学校の実践から、ゼロ・トレランスがどう実行されているかを見ておくこととします。

4） 新潟県立正徳館高等学校の場合（同校のホームページより）

①　見て見ぬふりをしない

　　制服の上着の第一ボタンが外れている、スカートを折り返している、くつのかかとを踏みつぶして履いている等の生徒をみかけたら、廊下でのすれ違いざまにも声をかけ、その場で直させます。「はい、スカートを直しましょう」など、丁寧な言葉を使っての声かけがポイントです。声かけは、生徒とのコミュニケーションの場でもあります。

　　教員が「繰り返しの指導をやり抜く」ことで、生徒に「やらせきる」ことができます。

②　問題が生じた場合は教務室で指導（一部、省略）

　　問題は一人で抱え込まないで、必ず二人以上で指導します。

　　教務室で指導することで、他の教員も生徒がどのような指導を受け、反応しているのかを把握することができます。その結果、他の教員も生徒に同じような指導をすることができます。

③　生徒指導カードの利用

校則に違反があった場合に利用します。

一枚は生徒が、もう一枚は担任が保管します。

カードの枚数により段階的に指導が変わります。

〔指導内容〕

　　・5枚：学年団指導

　　・10枚：生徒指導部指導

　　・15枚：教頭指導

　　・20枚：校長指導

　20枚になると校長指導です。生徒の指導は保護者との連携が大切です。保護者から、学校では分からない生徒の良い面を聞くこともあり、その後の指導に役立ちます。（後略）

5）　岡山学芸館高校（私立）の場合

　2002年度から導入。問題行動をレベル1〜5に分類。服装や言葉の乱れなどはレベル1〜2で、担任や主任が指導する。喫煙はレベル3に相当し、生徒指導部長が乗り出す。悪質な暴力行為などのレベル4〜5では、教頭や校長が対応。必要なら親を呼び出す。森靖喜校長は「『だめなものはだめ』という価値観を上から下へ伝えるという信念で導入した」と話しているという。

　同校のホームページには、「ゼロ・トレランスと責任教育」と題して、次のような文章が掲載されていた。

　　果たすべき「義務」と「責任」を理解、生徒自らが自らを律する。ゼロトレランスと聞くと大変厳しいルールのように思われがちですが、小さな違反も見逃さない、えこひいきしない、だめなことはだめと指導することで、きちんとした学校生活を送っている大多数の生徒が安心して学べる学校環境を作り出すこともできているので、学園内にこの制度を取り入れることによって、さらに明るく活発になっています。

　　毎年設定される学校のルールづくりには、生徒も参画します。みんなで決めたルールをみんなで守ることが約束となっています。生徒会や学内のリーダー（各部の部長や委員会の委員長など）が、朝の身だしなみの声かけ運動を実践しています。

6）　ゼロ・トレランスの問題点

① 犯罪工学の手法（割れ窓理論）を、機械的に教育の場に持ち込んでよいのか。

② 厳罰主義で、いじめや暴力行為がなくせるのか。また、問題行動のレベルを機械的に決めて、それを子どもの事情やその時の状況を無視して一律に適用することが教育的に妥当かどうか。

③ 教育は信頼によって成り立つ営みである。そこから寛容さ（トレランス）をまったくなくしてしまってよいのか。

④ 問題行動を起こした一人ひとりの子どもには、それぞれの背景や抱えている状況（その育ち・家族関係・友人関係・教師との関係など）がある。それをよく理解し、考慮してこそ、適切な指導ができるはずである。

⑤ 問題を起こした子ども自身が、自分の行為を振り返り、それと向き合ってこそ、問題行動を克服できる。それを促し、励ますことこそが教育の営みではないのか。

⑥ 子どもは一人で生きているのではない。子ども同士の関係性のなかで生きている。そうであれば、子どもたちに規範意識を育むためには、子ども集団の質を高め、子どもたち自身の力で問題行動を克服するように働きかけることこそが、教育という営みではないのか。

3　「学校スタンダード」とその問題点

1）　アメリカの「学校スタンダード」

「学校スタンダード」もアメリカから始まった

　アメリカでは、従来カリキュラム編成の基準は学区レベルで設定されてきました。ところが、1990年代以降、州単位でのスタンダードに基づ

く学力向上政策が全米規模で推し進められます。1994年、「2000年の目標：アメリカ教育法」（クリントン政権）によって、「学校教育における教育内容に関する基準設定と効果的な試験制度の開発によって、2000年までに……主要教科について一定の学力水準に到達させる」ことが定められたのです。さらに、連邦政府が州の教育改革を支援する補助金を交付することとし、その条件として、①主要教科について教育内容及び学力に関する「スタンダード」の設定、②これに準拠した学力評価の実施、③対応する教員養成、を求めました。これによって教育スタンダードが全米規模で実施されることになったのです。

「学校スタンダード」の弊害

　しかし、今日、「教育のスタンダード化」による教授・学習過程のゆがみが次のように指摘されています。

①　多くの学校で、テスト教科の時間数を増やし、音楽・美術・外国語などの時間が減らされ、カリキュラムに歪みが生じている。

②　教育的選別——テストの点数を比較的容易に上げられそうな子どもたちを重点的に教え、それが困難なより低いレベルの子どもは放置されている。

③　「スタンダード化」が、テストで測られる結果でもって教育を評価するため、教師の専門性が脅かされている。教師が自分自身の経験や印象にもとづいて生徒の実態をとらえ、自分の判断のもとに実践することができなくなってしまう。

④　学校教育は、教師と子どもの人間関係や同僚とのコミュニティーのなかで、時間をかけながら熟成されるべきものなのに、そうした実践の幅を狭めている。

（樋口裕介「ポスト『教育スタンダード化』——その争点と可能性」、『広島大学大学院教育研究科紀要』第58号、2009年）

2）　わが国の「学校スタンダード」の実態

　2000年代に入ると、日本でも「学校スタンダード」を取り入れるように
なります。文部科学省は、早くから「学校教育のナショナルスタン
ダードについて」との資料を作成していました（中央教育審議会参考資
料）。「第2期教育振興基本計画」（2013年6月14日、閣議決定）には、「国
はナショナルスタンダードとして、明確な戦略目標を提示し、……」と
の文言が見られます。

　そうした国の姿勢に迎合して、2006〜2007年度あたりから、一部の
都道府県や市・町の教育委員会が「学校スタンダード」を施策に取り入
れ、積極的に推進するようになりました。その結果、「○○市学校スタ
ンダード」とか「△△学校スタンダード」とかが決められ、「学校スタ
ンダード」が急速に広がってきたのです。たとえば、東京都教育委員会
は、2013年3月28日、「『都立高校学力スタンダード』の策定及び推進
校の指定について」との文書を出し、翌年には「都立高校学力スタン
ダード」（平成26年度版）を発表しています。これは、各教科・科目につ
いて、学習指導要領の内容を、「基礎」「応用」「発展」の各分野に細分
化して、教えるべき内容を詳細に示したものです。学習指導要領よりも
もっと細かく「教えるべき内容」を規定し、学校現場を縛ろうとしてい
ます。

　個々の学校で定めている「学校スタンダード」は、多くの場合、学校
生活全般、とりわけ生活規律を規制するものが多いように思われます。

　その典型的な例として、横浜市立港南台第三小学校の「三小スタン
ダード」を取りあげてみます（同校のホームページから）。

「港南台第三小の約束」（平成26年4月1日）は次のような内容になって
います。

1　言葉のやくそく

2　登校のやくそく

3　学習のやくそく

4　給食のやくそく

5　休み時間のやくそく

6　そうじのやくそく

7　下校のやくそく

8　放課後のやくそく

9　持ち物のやくそく

全部は無理なので、とりあえず「2　登校のやくそく」を紹介します。

○　決まった通学路を通り、交通ルールを守って安全に登校します。

○　昇降口が開くのは、8時5分です。8時20分までに登校します。

○　傘はとめて、学級の傘立てに置きます。

○　傘立てに置き傘はしません。

○　職員室や保健室に用事があるときは、教室にランドセルを置いてから行きます。

○　登校して荷物を整理したら、朝の会が始まるまで席に座って読書をします。

　　朝の会は、8時25分の立腰タイムが終わってから始まります。

　　※8時25分の立腰タイムに座っていないと遅刻になります。

○　朝会や集会、音楽集会があるときは、8時25分から始められるように整列します。

○　家を出たら、登校途中に忘れ物に気づいても取りに帰りません。

　　○　上ばきを忘れたときは、担任の先生に断り、外ばきをきれいに
　　　　ふいてはきます。
　　○　欠席や遅刻をするときは、家の人に連絡帳またはFaxで連絡
　　　　してもらいます。
　　○　遅刻するときは、家の人と登校し、担任のところまで一緒に行
　　　　きます。

　私は、これを見て、ちょっと驚きました。みなさんはどうでしょう
か。早く登校して、友だちとおしゃべりしたい子どももいるでしょう。
なぜ、昇降口を8時5分まで開けないのでしょうか。なぜ、登校し
て、友だちと輪になっておしゃべりしてはいけないのでしょうか。登校
する時間帯に親が仕事に出かけている子どもは遅刻もできなくなりま
す。そもそも、なぜ、こんなに細かいことまで、学校で一律に決めて、
子どもたちに守らせなければいけないのでしょうか。他の項目につい
も、同じことが言えます。
　「3　学習のやくそく」の項では、「次のノートを使います」として、
学年ごとに、漢字、国語、算数、理科・社会でそれぞれ、別々の種類の
ノートを指定しているのにもびっくりしました。どういう根拠があるの
でしょうか。親の経済的な負担をどう考えているのでしょうか。

3）「学校スタンダード」の問題点

　学校ごとに決められているスタンダードが、どれも港南台第三小学校
と同じだというわけではありません。同校のはちょっと突出している
かも知れません。しかし、子どもたちの学校生活のあり方を事細かく規
制している点では、共通しているように思われます。私は、次のような
問題点があると思います。
①　「学校スタンダード」の根底にある教育観、教育理念をまず問題に

したい。一人ひとりの子どもも、一人ひとりの教師も、それぞれ個性的な存在である。「スタンダード」な人間などは存在しない。「みんなちがって、みんないい」（金子みすゞ）はずである。それなのに、なぜ、すべての子どもたちを同じ枠にはめこもうとするのか。なぜ、すべての教師に同じ指導を強制するのか。個性的な存在である子どもと教師が、つながりあい、かかわりあって、ともに紡いでいくのが教育という営みではないのか。

② 「学校スタンダード」で決められている項目がすべて問題だというのではない。個々に見てみれば、それなりに有意義なものもあるだろう。問題は、それを一人ひとりの個性や置かれている事情を無視し、一律に守らせようとするところにある。

③ 子どもたち一人ひとりが個性的な存在であるだけではなく、家庭環境も違えば、親の生活状況も違っている。母子家庭の子ども、家が貧しく、朝食も食べずに登校する子どももいる。そうであれば、教師は、そうした子ども一人ひとりの状況をよく見て、それに応じた働きかけをするのが当然ではないか。なぜ、一律に、同じことをさせようとするのか。

④ 子どもは、つまずきながら歩む。失敗を繰り返しながら成長していく。道草をするときもある。友だちと仲違いし、けんかをすることもある。自由に遊ぶこともできない、道草もできない、やんちゃもできない、はめをはずすこともできないで、決められたことに従順に従うだけで、子どもが伸び伸び成長していけるだろうか。.

⑤ 教育とは、子どもと教師との人間的なふれあい、信頼関係のもとで成立する営みである。決められたことを有無を言わさずに押しつける教師に、子どもは魅力を感じるだろうか。信頼を寄せるだろうか。「学校スタンダード」は、子どもと教師の人間的なふれあい、信頼関係を壊わしてしまうだろう。

⑥　子ども一人ひとりに個性があるのと同じように、教師もまた個性を
　　もった存在である。子どもに厳しい教師、逆に優しい教師、いろい
　　ろなタイプの教師がいて、学校がなりたっている。「学校スタン
　　ダード」は、子どもたちだけでなく、教師一人ひとりにも、決めら
　　れた枠を押しつけ、教育の自由と自律性を奪ってしまうだろう。

⑦　結論的に言えば、「学校スタンダード」は、子どもと教師の自由を
　　奪い、親の生活まで規制していく。その結果は、学習指導要領体制
　　と「ゼロ・トレランス」体制のなかに、子どもと教師を囲いこんで
　　しまうことになるだろう。

　国家と企業に従順に従う、枠にはまった人間が育てられようとしてい
る。空恐ろしいことではないだろうか。

　今、日本の学校が「学校でなくなる」「学校が窒息してしまう」方向
に向かってどんどん進んでいっているように、私には思われてなりませ
ん。みんなで力をあわせて、なんとかストップをかけようではありませ
んか。

④ 戦後教育改革と文部省著作教科書『民主主義』

（初出：「2015子どもの未来をひらく教育のつどい in 甲西」第5分科会「社会・平和のための教育」レポート、2016年1月30日）

はじめに

2014（平成26）年は「戦争法案」で明け暮れた一年でした。憲法が壊され、戦後70年間、誰一人として戦争で命を失うことなく、また他国の人の命を奪うことのなかった日本が、再び戦争をする国に変わろうとすることを憂え、さまざまな人たちが自主的・自発的に立ちあがりました。

とりわけ、SEALDs（自由と民主主義のための学生緊急行動）を中心とした若者たちが、自分たち自身の問題だととらえ、自分のことばで声をあげたことは、この国の未来の大いなる希望となりました（参考文献：『SEALDs　民主主義ってこれだ！』大月書店、2015年10月）。

私も、街頭で何回かマイクを握りました。また、安倍首相が「平和と国民の安全のための法案だ」とたびたび強弁することに腹が立って、「太平洋戦争の『開戦の詔勅』に6回も『平和』の文字が使われていた。首相の言っていることは、『開戦の詔勅』とまったく同じだ。戦争は平和を騙ってやってくるのだ」と朝日新聞に投書しました。

こうしたなかで、「民主主義とは何か」についてもいろいろと考えさせられました。若き日に学んだ文部省著作教科書『民主主義』を読み直しました。その中身がすごいことに改めて気づき、ぜひ多くの人たちに知ってほしいと願っています。

「18歳選挙権」が実現し、本夏の参議院選挙から、いよいよ高校生の一部も選挙権を行使することとなりました。これまでまったくなおざりにされてきた高校における「政治的教養」の教育（教育基本法第14条）が必須のものとなってきました。そうした時に、この『民主主義』は最適なテキストとして活用できるのではないかとも考えています。リプリント

して、広く活用していただければ幸いです。

1 戦後教育改革の経過

『民主主義』の内容を紹介する前に、戦後の教育改革の経過を大まかに見ておこう。

　戦後の日本の教育は、戦前の国家主義、天皇絶対主義的な教育に対する厳しい反省から出発しなければならなかった。そして、そのめざすべきが、日本国憲法が掲げた平和と民主主義、基本的人権尊重の基本理念に沿うべきは当然であった。その出発点となったのは、1946(昭和21)年3月の「米国教育使節団」(第1次)の来日である。使節団は、1ヶ月足らずの短期間で戦前の日本の教育の問題点と新教育の目的や方法について調査・審議し、3月31日、報告書を提出した。それは、実は、日本側「教育家委員会」(委員長・南原繁東大総長)の全面的な協力のもとに行われたものだった。

「教育家委員会」を受け継ぐ形で、内閣直轄のもとに「教育刷新委員会」(1946年8月〜1949年10月)が設けられ、教育基本法の立案や新学制について審議した。南原繁は最初は副委員長、途中からは委員長として、委員会をリードした。教育基本法の制定、「6・3・3・4制」の新学制、開放制の教員養成制度の採用などにおいて、南原繁の果した役割は大きいものがあった(参考文献：山口周二『資料で読み解く南原繁と戦後教育改革』東信堂、2009年)。

　米国教育使節団報告書と教育刷新委員会の議論をもとに、文部省は、「新教育」の方針を決定し、実施に努めた。その経過は以下の通りであった。

　　　文部省『新教育指針』

　　　　第1分冊　　　1946(昭和21)年5月

　　　　第2分冊　　　　　同上　　　6月

　　　第 3 分冊　　　　　同上　　　11 月
　　　第 4 分冊　　　1947（昭和22）年 2 月

　このように分冊発行の方式をとったのは、「 1 日も早く教育者に届け
るためであった」としている。
　　文部省「学習指導要領一般編」（試案）1947（昭和22）年 3 月20日
　　「教育基本法」1947年 3 月31日制定・施行
　　「学校教育法」1947年 3 月31日制定、翌 4 月 1 日施行
　　　　6 ・ 3 ・ 3 ・ 4 制の新学制実施
　　文部省学校教育局「新制中学校・新制高等学校・望ましい運営の方
　　　　針」1949（昭和24）年 4 月
　　　　同上　　　「新制高等学校・教科課程の解説」　　　同上

　こうした背景のもとに、新しく設けられた「社会科」の教科書とし
て、文部省の手で著作・刊行されたのが『民主主義』である。上下 2 冊
の分冊であった。上巻は1948（昭和23）年10月、下巻は翌年 8 月の発行
で、A5判、上下巻合わせて373ページにのぼる大部なものである。1995
年に、「径書房」が上下 2 冊を合本にして復刻している。これは通販で
今でも入手できる（2,200円＋税）。ちなみに、滋賀県立図書館には原本と
復刻版の両方が収蔵されている。また、2018年には角川ソフィア文庫版
（920円＋税）も出版された。

2　『民主主義』刊行の趣旨

　同書はその「はしがき」で、刊行の趣旨を次のように述べている。一
部抜粋して、紹介しておこう。
　　今の世の中には、民主主義ということばがはんらんしている。民主
　主義ということばならば、だれもが知っている。しかし、民主主義の

ほんとうの意味を知っている人がどれだけあるだろうか。その点にな
ると、はなはだ心もとないといわなければならない。

　では、民主主義とはいったいなんだろう。多くの人々は、民主主義
というのは政治のやり方であって、自分たちを代表して政治をする人
をみんなで選挙することだと答えるであろう。それも、民主主義の一
つの現れであるには相違ない。しかし、民主主義を単なる政治のやり
方だと思うのは、まちがいである。民主主義の根本は、もっと深いと
ころにある。それは、みんなの心の中にある。すべての人間を個人と
して尊厳な価値を持つものとして取り扱おうとする心、それが民主主
義の根本精神である。(中略)

　したがって、民主主義は、きわめて幅の広い、奥行きの深いもので
あり、人生のあらゆる方面で実現されて行かなければならないもので
ある。民主主義は、家庭の中にもあるし、村や町にもある。それは、
政治の原理であると同時に、経済の原理であり、教育の原理であり、
社会の全般に行きわたって行くべき人間の共同生活の根本のあり方で
ある。それをあらゆる角度からはっきりと見きわめて、その精神を
しっかりと身につけることは、決して容易なわざではない。複雑で多
方面な民主主義の世界をあまねく見わたすためには、よい地図がいる
し、親切な案内書がいる。そこで、だれもが信頼できるような地図と
なり、案内書となることを目的として、この本は生まれた。(後略)

3　『民主主義』の内容

『民主主義』はどういう内容で構成されていたのだろうか。目次をあげ
ておこう。

　　はじめに
　　第1章　　民主主義の本質
　　第2章　　民主主義の発達

4　その特徴

『民主主義』の特徴を拾いあげてみると、次のようになるだろうか。

○　これからの日本を担う青少年に「民主主義」をしっかり体得してほしいとの願いが紙面全体にあふれていること。

○　「民主主義」を、単なる政治上の制度ではなく、「人間尊重」という社会をつらぬく根本理念ととらえていること。

○　「日本国憲法」の制定やその基本的な理念・内容とかかわって、「民主主義」をとらえていること。

○　「民主主義」を知識として理解するのではなく、自らの行動原理として実践的にとらえることを求めていること。

○　その発達の歴史や国際政治における民主主義、社会生活・経済生

活・労働組合や女性問題など、幅広い視点から、「民主主義」を取りあげていること。

○ 「民主主義」をどう学ぶか、ということに1章を立て、「民主主義の学習」を重視していること。

○ 上記のこととかかわって、学校生活のなかに「民主主義」をどうつらぬくかに留意していること。

○ 第11章「民主主義と独裁主義」の項で、共産主義をファシズムと同列におき、民主主義に敵対する独裁主義と断定していることは看過できないが、詳述する余裕がない。

5 「民主主義の学び方」

「第14章 民主主義の学び方」は大変貴重な内容である。できれば全文を収録したいが、紙数の余裕がない。私なりにポイントをまとめてみた。

① 実践を通して学ぶ。実際にやってみることによって学ぶのが教育の根本原理である。民主主義の場合もそれと同じである。

② 学校は、青少年時代から身をもって民主主義を学ぶための最もよい場所である。

③ これまでの日本の教育には、政府のさしずによって動かされるところが多かった。政治によってゆがめられた教育を通じて、太平洋戦争を頂点とする日本の悲劇が着々と用意されていった。

④ そのときどきの政策が教育を支配することは、大きなまちがいのもとである。政府は、教育の発達を援助すべきだが、教育の方針を政策によって動かすようなことをしてはならない。

⑤ 教育の目的は、真理と正義を愛し、自己の法的、社会的および政治的任務を責任をもって実行していくような、立派な社会人を作ることである。

⑥ 政府が、教育を通じて国民の道徳を一つの型にはめようとするの

は、最もよくない。今までの日本では忠君愛国という「縦の道徳」
だけが重んぜられた。

公民道徳の根本は、人間がお互いに人間として信頼しあうことである。したがって、責任と信頼の「横の道徳」を確立していかなければならない。

⑦ 民主的な「横の道徳」の原理を実際に身につけるのに、いちばん適しているのは、学校生活である。

⑧ 民主主義の根本原理は、人間の尊重である。生徒の個性を重んじ、それを正しく伸ばしていく。したがって、生徒の学習にも、自主性と自発性を保障することが大切である。

⑨ 新教育は教師の教え方にも自主性を認める。自分で教育のしかたをくふうし、自ら教材を集め、生徒の知識欲を満足させるように指導していく。責任が重くなるが、教えることの楽しみもそれだけ大きくなる。

⑩ 教師も生徒も同じ人格の持ち主としてまったく対等であり、その間に本質的な上下の差別はない。教師と生徒が人間として同じ立場に立って、信頼と愛情とによって結ばれてこそ、日々の学校生活が明るく楽しいものになる。

⑪ 教師だからといってなんでも知っているわけではないし、完全な人格者であるはずもない。教師が知識の量で生徒を敬服させようと思うのは、大きなまちがいである。真理に対する燃えるような熱意が、おのずから生徒の尊敬と信頼の的となるのでなければならない。

6 安倍首相にぜひ読ませたいこと

　第4章に「多数決」と題する章があります。そこでは「民主政治の落とし穴」として、多数決の弊害と、それを防ぐ方法について述べています。安倍首相にぜひ読ませたいものだと思いました。以下はその抜粋です。

　多数の意見だから、その方が常に少数の意見よりも正しいということは、決して言えない。……政治上の判断の場合にも、少数の人々の進んだ意見の方が、おおぜいが信じて疑わないことより正しい場合が少なくない。それなのに、なんでも多数の力で押し通し、正しい少数の意見には耳もかさないというふうになれば、「多数党の横暴」である。民主主義は、この弊害をなんとかして防いでいかなければならない。……かような弊害を防ぐためには、なによりもまず言論の自由を重んじなければならない。言論の自由こそは、民主主義をあらゆる独裁主義の野望から守るたてであり、安全弁である。したがって、ある一つの政党がどんなに国会の多数を占めることになっても、反対の少数意見を封ずるということは許されない。（後略）

開戦の詔勅に6回も「平和」

無職　山田　稔　（滋賀県　81）

　安全保障関連法案に対し「戦争法案だ」「憲法違反」という国民の声が日増しに高まっている。安倍晋三首相は「国民の平和と安全」のためとして、「戦争法案」とは無責任なレッテル貼り」と反論するが、果たしてそうだろうか。

　私は元高校教員で日本史を主に教えてきた。1941年12月8日の太平洋戦争開戦の詔書（米英両国に対する宣戦の詔書）をネットで入手し改めて読み直してみた。

　そこには「東亜の安定を確保し以て世界の平和に寄与するは（中略）朕が拳々措かざる所」などと「平和」の文字が6回もあった。「帝国の存立亦正に危殆に瀕せり」「今や自存自衛の為蹶然起って」などとも述べていた。安倍首相が今国会で安保法案を通すため、声高に言っている今とよく似ているのではないか。

　安倍首相が、母方の祖父で、開戦時の東条内閣で商工大臣を務めた岸信介を尊敬していることを、とかく言うつもりはない。だがそのマネをして日本を再び「戦争をする国」にすることはやめてもらいたい。

　尋常小学校が「国民の練成」を目指す「国民学校」に変わった年の1年生で、軍国少年だった筆者の切なる願いである。

朝日新聞　2015年9月4日付　オピニオン＆フォーラム掲載

5 フィンランドの教育改革と日本の「教育改革」

（初出：滋賀県立大学「総合演習」テキスト、2012年度）

1 フィンランドの場合

・バルト海に面した人口526万人（日本の約4％）の小さな国フィンランド（面積は日本の約90％）が、今、世界の注目を集めている。経済協力開発機構（OECD）が、15歳児を対象に実施した国際的な学習到達度調査（PISA）で3回も続けて第1位となったからである。その秘密は？「教育に投資することがフィンランドの未来を切り拓いていく」として、この十数年来、「教育立国」をめざし、国をあげて教育に力を入れてきたことにある。

1） ゆきとどいた教育条件

・公教育費の対GDP比約6％（OECD30ヶ国中、第4番目（平均5％）。
・幼稚園から大学院まで、すべて授業料はとらない。給食も無料。教材や筆記用具も無料。
・子どもたちは基本的に地元の学校に通う。子どもの居住地から5km以内に学校を建てることが義務づけられている（3〜5kmの範囲の子どもは、公費負担のタクシーで通学）。
・学校の規模は、小学校平均70人、中・高校50人程度。学級規模は20人程度。小学校は複式学級が多い。校長も授業をもつ。
・夏休み10週間、クリスマス休暇2.5週間、スポーツ休暇1週間、その間、宿題は一切ない。
・子どもが小さい時から、親は毎日、本の読み聞かせをする。読書が習慣化している。

2）　基本理念は「平等の教育」と協同の学び

・テストも競争もない。学校間の格差もなく、「平等の教育」が基本理念となっている。

　「平等」が「教育の質」を保障する（改革を推進した教育相ヘイノネン）。

・すべての学校が、「一人の落ちこぼれ」も出さない努力をしている。学力格差がきわめて少ないことが、結果的に学力水準を高めている。

・小学校は複式学級が多く、子ども同士の教え合いが徹底している。一斉授業ではなく、プロジェクト学習と協同学習が基本となっている。

3）　教育の自由と教師への信頼

・「教師の質が教育の質を決める」として、教師の資格を大学の学部卒業から修士取得に引き上げた。

・「教育には自由が欠かせない」として、教師の裁量権を大きく認めている。

・何をどう教えるか、どの教科書を使うかも、すべて教師が決める。

・その代わり、教師は自発的に自分の能力やスキルを高めるよう、常に努力している。

・国が教師を信頼している。だから、教師もその信頼に応えようと努力している。

・教科書は自由に出版される。国による検定制度もない。教師たちが自主的に教科書をつくっている。

　（参考文献：オッリペッカ・ヘイノネン、佐藤学『NHK 未来への提言　オッリペッカ・ヘイノネン　「学力世界一」がもたらすもの』NHK 出版、2007年）

2　日本の場合

1）　教育条件の不備・劣悪さ

・公教育費の対 GDP 比3.4％（OECD30ヶ国中最下位）

　（文科省は、公教育費の対 GDP 比を OECD 諸国平均の5％に引き上げることを2007〈平成19〉年7月に閣議決定された「教育振興基本計画」に盛りこむよう求めていたが、財務省の反対で削除された）

・小中学校は授業料は徴収しないが、給食費や教材費など納付金がけっこうある。大学生の高学費は他国の比ではない。

・府県や市町村の負担で少人数学級が導入されてきているが、国は依然として40人学級に固執している。

2）「新自由主義」を基本理念に、「平等の教育」をこわし、「競争の教育」を推進

・「平等主義」が日本の教育をダメにした（教育再生会議報告）。

・「学校選択制」を推奨（規制緩和の流れの中で、1997（平成9）年の文部省通知を受け、東京都品川区を皮切りに全国各地で導入（ただし、最近になって見直しの動きもある）。

　大津市も「学校選択制」を導入。隣接学区への通学を認めている。

・「習熟度別授業」の導入、推奨（2002年1月、文科省「学びのすすめ」、2003年12月、「学習指導要領・総則」改正、「学習指導要領は最低基準、理解の進んでいる子には発展的学習を」。国語・算数・理科などで「少人数指導」導入、その際、「習熟度別授業」を行うよう強力に行政指導）。

・全国一斉学力テストの導入（2007年4月、小学校6年生・中学校3年生の全員を対象に悉皆で実施。数十億円の予算で、ベネッセなどの民間企業に採点業務を委託（民主党政権下で、一時、抽出調査にしたが、第2次安倍政権になって、また悉皆調査に戻した）。

・「飛び入学」（「優秀な子ども」は高校2年終了で大学への入学を認める。

2001年、学校教育法改正で導入。しかし、実際に採用している大学はごく少数)

・以上のように、テストと競争で子どもたちをあおり、しばっている。しかし、子どもたちの学習意欲はかえって低下し、「学力格差」が拡大している。

・「道徳教育」を強化し、教育を、「上からの国民教化」、国家主義的な「思想注入」の手段にしている。

3)　教師に対する管理統制を強化し、「教育の自由」を奪う

・学習指導要領と教科書検定制度で、教える内容を国が細かく決め、教師の「教える自由」と「創意・工夫」の余地を奪っている(1958年の「官報」告示以降、「指導要領に法的拘束力」ありとしてきたが、今回の学習指導要領の改訂で、それがいっそうひどくなった)。

・「職員会議」を校長の校務運営のための「補助機関」化(2000年1月、「学校教育法施行規則」改正。校長が必要に応じて開き、校長が主宰することとなった)。

・「副校長・主幹・指導教諭」制の導入で、上からの管理を強化(教育再生会議の「報告」をもとに、2007年6月、学校教育法改正で新設)。

・教員評価制度の導入(「教育改革国民会議」の提言を受け、文科省、2005年度に「試行」、2006年度からの全面実施を求めた。校長が設定した教育目標に沿って、個々の教師がその年度の自己目標を設定、年度末に自己評価して校長に提出。校長はそれをもとにその教師の業績を5段階で評定して、教委に報告。東京や大阪では、その結果が人事や給与に連動することになっている)。

・「不適格教員の排除」(「教育改革国民会議」の報告で急浮上、2001年1月、地方教育行政の組織及び運営に関する法律の改正で導入)。

・教員免許更新制の導入(P.8参照)。

　この十数年来、国全体では「規制緩和」の推進をうたいながら、なぜ
か、教師に対しては管理・統制がどんどん強められている。その根底に
は、「管理を強め、競争させなければ、教師はダメになる」という教師
に対する不信と「敵視」があるように思われる。

　こうした結果、「多忙化」と管理・統制の強化のもとで、教師は疲弊
し、過労死や精神疾患が増えている（2008年度に精神疾患で休職した教師
は全国で実に5,400人にのぼった。2009年度は5,458人）。

　これだけ多くの教師が「心を病まざるを得ない」状況で、「子ども一
人ひとりと向き合い」、ゆきとどいた教育ができるはずがない。「教育振
興」のために、今、教育行政が真っ先になすべきことは、こうした一方
的な「上からの教育改革」を直ちに中止すること、そして、学級定員を
削減、教職員を大幅に増員して「多忙化」を解消し、学校現場に自由と
安心を取り戻すこと、教職員の身分と心身のゆとりを保障することであ
る。

　国が教師を信頼して、教育の自由と学校と教師の裁量を最大限に認め
て大きな成果を挙げてきたフィンランドの教育改革にこそ政府は学ぶべ
きだと、私は、今、痛切に思っている。

⑥ 「3.11」が日本の教育に投げかけたもの

（初出：「2011滋賀教育のつどい」特設第1分科会レポート、2012年1月29日）

1 未曾有の大震災・原発事故と政府の対応の遅れ

　2011年3月11日の東日本大震災は、マグニチュード9という未曾有の規模で、それに伴う大津波は高さ30mを超えたところもあり、岩手・宮城・福島各県の太平洋岸の地域に壊滅的な被害を与えた。震災から半年以上経った10月3日現在の死者は15,821人、行方不明者3,962人（警察庁まとめ）、今なお73,249人もの人たちが不便な避難生活を余儀なくされている（9月22日、復興対策本部まとめ）。学校関係の被害は児童・生徒の死亡584人、教員も12人が犠牲になった（7月19日現在、文部科学省調べ）。校舎の被害も大きく、建替えまたは復旧工事が必要と思われるものが968ヶ所に及んでいる（4月26日現在、同上）。また、福島・宮城・岩手3県で57の学校が避難所となっていた（8月29日現在、文部科学省発表）。

　さらに、東京電力福島第一原発6基の冷却機能が損なわれ、水素爆発が起きて建屋が壊され、放射能漏れが広範囲に及んだ。再臨界（核分裂反応が再び起きる）の危険性もあり、予断を許さない事態が今も続いている。原発から半径20km以内の人たちは強制的に避難を強いられ、土壌や海が汚染され、せっかく作った農作物が出荷できない、漁師が漁にも出られないなどという死活問題も続いてきた。

　大地震と大津波は自然災害というほかないが、原発の事故については、安全対策を怠ってきた東京電力と政府の責任は重く、「人災」と言わざるを得ない。しかも、東京電力や政府の対応は、国民に正確な情報を機敏に流すことをせず、後手後手で、被害の拡大を招いてきた。例えば、空中に飛散した放射能は風に乗って拡散するにもかかわらず、政府は同心円拡大型に拡散することを前提に避難指示を出した。肝心の

SPEEDI（緊急時迅速放射能影響予測ネットワークシステム）のデータは長く公表しなかった。実際には北西方向に突出した形で放射能汚染が広がり、その結果、福島原発から40kmも離れた飯舘村が高濃度に汚染していたことが判明。不安を感じた住民が自主避難を始めたのは原発事故後、8日も経ってからであった。

　また、地域住民、とりわけ子どもたちや高齢者の被曝が懸念されてきたにもかかわらず、政府の原子力災害対策本部が「除染に関する緊急実施基本方針」を策定、公表したのは、原発事故から実に6ヶ月近く経過した8月26日であった。環境省の試算でさえ、除染が必要な年間1mSv（ミリシーベルト）以上の地域は1万1600㎢、国土の3％にも及ぶ。それなのに、政府の除染予算は3次補正でわずかに2,400億円、本気でやろうとしているのか、極めて疑わしいと言わざるを得ない。

2　原発事故はなぜ起きたのか

　東京電力福島第一原子力発電所の地震と大津波による事故は大変深刻な事態を招き、周辺地域の住民に甚大な被害をもたらした。メルトダウン（炉心溶融）という最悪の事態さえ起き、放射能が陸地や海に拡散し、7ヶ月経った段階でも予断を許さない状況が続いている。東京電力をはじめ、原発を推進してきた政府や関係機関の責任は重大である。

　歴代政府や財界・電力業界、マスコミなどがこの数十年間にわたってばらまいてきた原発の「安全神話」が、今回の福島原発の甚大な事故によって、もろくも崩れ去った。原発の危険性については、かねてから各方面から指摘されてきたが、歴代政府や財界・電力業界などは、それらを完全に黙殺してきた。と同時に、私たち自身、原発の危険性について、どれだけ自分たち自身の課題として受けとめてきたのかと問われたら、いい加減に見過ごしてきたと反省せざるをえない。

　中学や高校の社会科教科書では、原子力発電の安全性について、どの

ように記述してきたのだろうか。そのことが気になって、各社の教科書を点検し、その結果をまとめた（『子どもと教育を守る滋賀県民の会ニュース』第13号、2011年5月20日付）。詳細を報告する余裕はないが、大半の教科書が原子力を「二酸化炭素を排出しないクリーンなエネルギー」「安定供給が可能」「今後の中心となるエネルギー」と肯定的に評価していた。「安全性への不安」「放射能廃棄物の処理・処分問題」などの指摘もあったが、「対策がすすめられている」「課題の解決がめざされている」などと、「大丈夫だ」と言わんばかりの「安全神話」に立脚した記述が中心となっていた。実は、電力会社の要望を受け、教科書の記述に対して文科省から「原発の危険性を強調しすぎている」などと検定意見がつけられていたのである。学校教育の場でも、いつの間にか「安全神話」を子どもたちに押し付けてきたのではないか。厳しい自己点検が求められている。

　原子力発電と放射能のしくみやその危険性、人体に与える影響、放射能からどう身を守るかなどについて、小・中・高のそれぞれの発達段階に即して、学校教育の場できちんと教えることが求められている。また、大震災や原発事故は、日々、マスメディアによって大きく取り上げられている。家庭でも話題になっているだろう。子どもたちなりに、いろいろな思いや疑問・感想なども持っているはずである。教科のなかで、また学級活動やLHRなどのなかでも、この問題を折に触れて取り上げるようにしたい。

　それにしても、ショッキングな報道を目にした。福島第一原発が作られた場所は、もともとは海抜35mの高台だった。海岸沿いは高い崖になっていた。その台地を削って、海抜10mまで下げて、原発が建てられた。実は、1号機の建設が始まった1966（昭和41）年当時、東電は原発の経験がまったくなく、原子炉の製造・据え付けから、建屋の設計・建設まで、アメリカのゼネラル・エレクトリック社（GE）がすべて請け負っ

た。その GE の当初の案は海抜20ｍの高さに建設するというものだった。今回の同所を襲った津波は高さ15m。もし当初の案通りに建設されていれば、今回のような大事故は起きなかったはずである。なぜ海抜10ｍまで下げたのか。原発は常時、水を使って冷却しなければならない。ポンプで海水をくみ上げる電気代を節約するためだったのである（しんぶん赤旗日曜版2011年10月9日付）。電力をつくっている会社がすることだろうか。安全性よりも儲けを優先した結果が、今回の重大事故を招いたことは間違いない。

3　これまでの日本の社会のあり方、政治・経済政策が根本から問い直されている

日本経団連の米倉弘昌会長は、福島第一原発の事故直後に、「（原発が）千年に一度の津波に耐えているのはすばらしい」と発言、各方面からひんしゅくを買った。その原発擁護ぶりは驚くばかりである。そのような発言が出た背景には、原発による利益を日本経団連の中枢企業が分け合っている実態がある。

東京電力など電力会社11社の原発関係支出は約2兆1353億円（2009年度）。その巨額のマネーを、原子炉メーカー（三菱重工・日立・東芝など）、核燃料を調達する商社（三菱商事・丸紅など）、鉄鋼や建設業、金融機関、生保などが分けあっている。こうして"国策"として推進されてきた原発は経団連の中枢企業にとって、巨額の儲けを保障する"甘いビジネス"である。その"儲け"から、自民党や民主党に巨額の政治献金が行われ、広告宣伝費でマスメディアを懐柔。そして、電力業界の監督官庁である経済産業省から、電力会社への天下りが行われている（この50年間に68人にのぼる）。また、原発マネーは、企業が大学に資金提供して開設する「寄付講座」にもまわって、「原発安全神話」をばらまく「御用学者」を育てあげきた。原子力発電の危険性を主張する研究者は露骨

に排除されてきたことを安斎育郎氏は証言している(「『原発促進国家総動員体制』の下で」、『人権と部落問題』2011年9月増刊号、部落問題研究所)。

さらに、原発推進には国の予算が莫大につぎ込まれている。政府が原子力予算を初めて設けた1954(昭和29)年から58年間で、累計約16兆円の税金が原発推進に費やされてきた。「原発による電力は安くつく」などというのは真っ赤な嘘である。

まさに、政・財・官の癒着構造のもとで、国民に"安全神話"をふりまいて、日本の原発政策が推進され、世界で有数の地震国に54基もの原発が建設されてきたのである。しかも、そのほとんどは、巨大地震が起きれば、津波に襲われる危険性が極めて高い海岸沿いに建てられている。理由は、冷却に使用する海水がただで確保できるからである。

2000(平成12)年6月、経済財政諮問会議の諮問を受けて閣議決定された「今後の経済財政運営及び経済社会の構造改革に関する基本方針」は、「市場の障害物や成長を抑制するものを取り除く。市場が失敗する場合にはそれを補完する。そして知恵を出し努力した者が報われる社会を作る。こうしたことを通して経済資源が速やかに成長分野へ流れていくようにすることが経済の『構造改革』にほかならない」と述べていた。規制緩和で市場の領域を限りなく拡大し、競争を促進して、「より高い成長を実現する」(実際に実現する保障はないが――筆者)。こうして、小泉内閣のもとで、「新自由主義」に基づく「構造改革」が推進され、それは自民党政権から民主党政権に交代してからも基本的には継続している。

新自由主義に基づく「規制緩和」「構造改革」は、「すべて国民は、健康で文化的な最低限度の生活を営む権利を有する。②国は、すべての生活部面について、社会福祉、社会保障及び公衆衛生の向上及び増進に努めなければならない」(日本国憲法第25条)を踏みにじり、国民の「生存権」を保障すべき国の責任を放棄してきた。行政の任務は公権力の行使

に限定され、公共部門を圧縮して、「自助・自立」をスローガンに、「自らの生活は自らの責任で営め」と、国民生活を競争原理の貫徹する市場に放り出した。その結果、貧困と格差が拡大し、子どもたちの成長・発達の上にも、深刻な影響を及ぼしている。

　渡辺治氏は、「震災前に東北地方を席捲してきた自民党の利益誘導政治とそれを右から容赦なく壊した地方構造改革が、大震災の被害をさらに深刻化しその復興を遅らせている大きな原因となっている」と指摘している（「新自由主義改革、大震災、原発事故と子どもたちの未来」、『教育』2011年8月号、教育科学研究会）。

　甚大な被害をもたらしている大震災と原発事故は、新自由主義が席捲してきたこの国の政治・経済の根本的な転換を求めているのである。それにもかかわらず、民主党政権の「東日本大震災からの復興の基本方針」は「被災地域の復興は活力ある日本の再生の先導的役割を担うもの」との基本方針をかかげ、「復興特区制度の導入」、TPP（環太平洋戦略的経済連携協定）推進など、復興を契機に「構造改革」路線をいっそう推進しようとしている。さらに、復興財源にあてるために所得税や消費税を増税し、かたや法人税は減税するという逆立ちした方針を打ち出している。

4　新自由主義的「教育改革」は何をもたらしてきたか

「構造改革」構想を裏で推進してきた「総合規制改革会議」の「経済財政運営と構造改革に関する基本方針2002」では、「経済活性化戦略」として「6つの戦略」があげられているが、その第1は「人間力戦略」である。そこでは、「人間力向上のために、一人一人の基礎的能力を引き上げるとともに、世界に誇る専門性、多様性のある人材を育成し、国としての知識創造力を向上させる」と述べていた。「経済活性化」に役立つ「人材の育成」が目標とされてきたのである。

　ここでは、教育の根本的な役割が「人間を育てる」ことにあること
と、1947教育基本法第1条が明記した「人格の完成」という教育目的は
完全に捨てさられている。子どもたちを「経済活性化」のための「人
材」とみなす人間観・教育観に、私たちは与することはできない。

　2008（平成20）年7月1日に閣議決定された「教育振興基本計画」
は、その第3章「今後5年間に総合的かつ計画的に取り組むべき施策」
の「(1)基本的考え方」のなかで、次のように述べていた。

「これまで教育施策においては、目標を明確に設定し、成果を客観的に
検証し、そこで明らかになった課題等をフィードバックしつつ、新たな
取組に反映させるPDCA（Plan-Do-Check-Act）サイクルの実践が必ずしも
十分でなかった。今後は施策によって達成する成果（アウトカム）を指標
とした評価方法へと改善を図っていく必要がある。

　こうした反省に立ち、今回の計画においては、各施策を通じて
PDCAサイクルを重視し、より効率的で効果的な教育の実現を目指す
必要がある」（傍点は引用者）

　PDCAサイクルに基づく「より効率的で効果的な教育の実現」を、
いったい誰が求めているのだろうか。それは、子どもたちの願いでもな
ければ、父母・国民の願いでも、教師の願いでもない。まさに、新自由
主義のイデオロギーに立脚した、「経済活性化のための人材の育成」を
求める政府・財界の要請そのものと言わざるを得ない。

　今、矢継ぎ早の「上からの教育改革」に学校現場は翻弄され、日本の
教師たちは疲弊しきっている。2009年度に精神疾患で休職した公立学校
の教師は5,458人にのぼっている。心身が疲れて勤務がしんどくなれ
ば、まず年次有給休暇をとる。年休がなくなれば、最長180日間の病気
休暇がとれる。それでも出勤できない場合にやむを得ず休職することに
なる。5,458人の休職者は、氷山の一角だと言わなければならない。

　今、日本社会は、格差の拡大と社会的貧困の増大という新たな危機に

直面している。それは、子どもたちの育ちや教育の上にも、深刻な影響を及ぼしている。この十数年間にわたって、「新自由主義」に基づく経済・財政政策や、「構造改革」が推進されてきた。それらは、「競争至上主義」「自立・自助」「選択と自己責任」のスローガンのもとに、人々の連帯と協力・共同をないがしろにし、自己中心主義の生活スタイルとして、日本人の心のなかにまで浸透してきた。親も子どもたちもその影響を受けている。子どもたちの多くは、自分に自信がもてず、他者のまなざしを気にし、孤立しながら、自立できない苦しみのなかでもだえている。いじめや暴力など他者に攻撃性が向けられる一方、不登校やリストカットなど攻撃性が自己に向かうケースも増えている。「誰でもよかった」という無差別殺傷事件の一方、肉親の殺傷事件も起きている。そうしたなかで、自己肯定感をはぐくみ、子ども同士のつながりを強め、自己と他人への信頼を取り戻すような新たな教育実践が求められている。

5　21世紀にふさわしい新しい教育のあり方を求めて

　かつて、1970年代から80年代にかけて、滋賀県内では、同和教育実践のなかで、一人ひとりの子どもを大切にし、子どもたちを主権者に育てあげようとする子ども観と教育実践、それぞれの学校の教職員の合意づくりと校園ぐるみの実践、地域の保・幼・小・中・高の連携と地域ぐるみの教育実践などが、豊かに積みあげられてきた。残念ながら、この20年来、それらがないがしろにされ、困難になってきた。

　以下は、かつての同和教育の理念と実践および、２度にわたって実施した教育調査をもとに滋賀県民主教育研究所（滋賀民研）が1997年にまとめた「学校改革のための提言」（『「こんな学校いいな」私たちの教育改革』所収）を、今日の状況のもとで補充し、「21世紀にふさわしい教育のあり方」として提起するものである。ぜひ、積極的な検討と論議をお願いしたい。

1）「子どもの権利条約」を生かした学校づくりを

「子どもの権利条約」は子どもにかかわるすべての活動は「子どもの最善の利益を第一義的に考慮」してなされるべきだと明示している。子どもは、その福祉に必要な保護およびケアを十分に保障されなければならない。また、何が「子どもの最善の利益」であるかは、大人が勝手に判断するのではなく、まず、子どもの意見を聞かなければならない。子どもは、自分にかかわるすべての事柄について、自由に意見を述べる権利があるからである。

　「子どもの権利条約」を正しく受けとめて、これまでの学校のあり方を根本から見直すこと、一人ひとりの子どもを人間として尊重し大切にすること、「子どもの権利条約」をふまえた学校づくりをすすめることをまず提唱したい。

2）　求められる「子ども観」の根本的転換

「子どもの権利条約」に立脚したとき、どのような「子ども観」が求められるだろうか。滋賀民研の学力・教育課程研究部会では、かつて、求められる「子ども観」を次のようにまとめたことがある。

① 　子どもは、生活・学習・発達上の個性的な権利主体である。
② 　子どもは、仲間との共存・交流を通して、考え、学び、成長していく。
③ 　子どもは、自らの否定面をのりこえる積極面をその内部に秘めている。
④ 　子どもは、自分をどう意識し、どう評価し、自分の生きる意味をどう見い出すか、という自己意識を人格の核にもっている。
⑤ 　子どもは、受容と共感によって、その自立が励まされ、育てられる。

3)　教師の「固定観念」や「とらわれ」からの脱却

① 教師には得てして、「……ねばならない」という固定観念が強くある。「給食は全部食べなければならない」「授業中は前を向いて静かに先生の話を聞かなければならない」「忘れ物をしてはいけない」……これらは、望ましいことではあっても、すべての子どもたちが必ず一律にしなければならないことだろうか。

② 子どもたちは、一人ひとり個性があり、違った存在である。ところが、すべての子どもたちに、一律に、同じことをさせようとする傾向が根強くある。その結果、子どもたちの間にも、「みんなと同じでなければならない」「同じでなければ安心できない」「みんなと違うだけでいじめられる」という状況をつくってはいないだろうか。

③ 教師はすぐに子どもの間違いを叱責する。しかし、子どもは間違いをしながら成長していく存在である。子どもたちが「失敗したり」「間違ったり」することを、あたたかく受けとめていきたい。

4)　一方的な「教えこみ」から、主体的・能動的な「学び」へ

① 子どもたちが、自ら生活し成長していくうえでぶつかる問題に、こだわりながら学び、学びながら問題を考えて、自分の世界を広げ、未来を切り開き、自らが人間として豊かに成長していく、そういう営みとしての「学習＝授業」を。

② 子どもが、自ら課題をもち、それを追求していく、「なぜだろう？」と疑問をもち、自分で調べ、自分の頭で考え、自分で判断していく、そのような主体的・能動的な学習を。それを組織し援助していくことが「授業」であり、教師の役目なのではないか。

③ こうした学習活動は、一人の教師対一人の子どもという関係のなかだけではなく、子ども同士の関係、子ども集団の活動としてとらえ

ることが大切である。子どもたちは、仲間との交流のなかで学び、人間的に成長していく。班活動や班討論、「ディベート」なども取り入れた「学習＝授業」の創造が求められている。

④　こうしたとりくみをすすめていくために、学習指導要領の法的拘束性を排除することと、高校や大学の入試制度の思いきった改善や、30人以下学級や教職員の大幅定員増などの教育条件の整備をあわせてすすめなければならない。

5）「自分らしさ」の発見と「生き方」の確立をこそ、学校教育の柱に

　登校しようとして登校できない自分を責めぬいて苦悩していた子どもが、「今のままの自分であってよいのだ」と、あるがままの自分を肯定できたとき、その子どもにとっての新たな〝旅立ち〟が始まる。

①　人間は誰でも、「他の誰でもない、自分は自分なんだ」という、自己のアイデンティティ、自己肯定感なしに生きていくことはできない。学校は、一人ひとりの違い、そのかけがえのない値打ちや良さをお互いに認め合い、大切にする場でなければならない。そういうなかで、子どもたちは、「自分らしさ」を見つけ、「自分と他人との違い」に気づいていく。子どもたちが、互いに「自分らしさ」を認め合い、その「自分らしさ」を大切にし合うとき、いじめや不登校・登校拒否はなくなっていくに違いない。

②　学校が人間を育み、人間を育てる場であろうとすれば、学校のなかで、子どもたち一人ひとりが人間として大事にされるとともに、一人ひとりの子どもたちが「人間としてどう生きるか」という根源的な問いかけを自らに課し、それを追求できなければならない。なぜなら、人間は自分をつくり、自分らしさを発見するとともに、自分が生きる目当てをもち、目的意識的に生きることができてこそ、生きている意味を実感できるからである。

③　自らの進路を選びとる力を含めて、子どもたちが「生きる力」を培い、自分らしい「生き方」を確立していくことをこそ、学校の教育活動の中心的な柱に据えたい。

6）　子どもたちをこそ、学校の主人公に

　学校の主人公は子どもであるはずだ。学校は、子どもたちの学び成長する権利を保障し、援助するところであるはずだ。子どもたちがいてこそ、学校なのだ。しかし、今日の学校は、子どもたちが主人公などとはとても言えない実態にあることは否定できない。

　子どもたちが主人公と言える学校をつくっていくために、以下のことを提起したい。

①　学校の既成の枠に子どもたちをはめ込むのではなく、学校のあり方やその運営、教育内容や授業のすすめ方などについても、率直に子どもたちの意見を聞いて決めていく。

②　そのためには、子どもが自由に意見を出せる機会や場をつくるとともに、それが学校運営に生かされる手だてが具体的に講じられなければならない。日常の教育活動の場における教師集団の子どもに接する態度や対応に、「子どもが主人公」という視点を貫くこととあわせて、班長会議などによる学級運営、学級代表による学年運営委員会、さらに児童会・生徒自治会代表と教職員代表との定期協議などの組織的な体制が必要である。

③　学校の主人公は子どもたちだ。それは、一人ひとりの子どもが主人公であるとともに、子どもたち＝子ども集団が主人公だということである。人間は社会的な存在である。集団のなかで、人間は人間として成長していく。しかし、人間関係が希薄化し、集団への帰属意識が弱まっている今日の子どもたちの間では、教師が個としての子ども一人ひとりに寄り添い、子どもの心のヒダを読みとりながら、

その一方で、子どもたちが、互いにぶつかり合い、かかわり合うなかで、人間的に成長していく、そういう場を学校は豊かにつくっていかなければならない。

④　クラブ活動や学級活動とともに、学級を基盤とした生徒自治会や児童会などの自治活動、自主活動が保障され、活発に展開されてこそ、「学校の主人公は僕たち・私たちなんだ」ということが子どもたちに実感でき、「子どもたちが主人公の学校」ができあがっていく。子どもたちの自治活動・自主活動の充実・発展にもっともっと力を入れたい。

7）　学校に自由と民主主義の風を

　今日、「学校が学校でなくなっている」「学校が人間を育む場ではなく、競争と管理の場になっている」現実が広がっている。その主たる責任が、今日までの国の文教政策と、これに右へならえの地方教育行政にあることもまた否定できない。

　県内においても、日の丸・君が代の異常なまでの押しつけ、職員会議の諮問機関化、上意下達の職務命令体制、官制研修の押しつけなど、憲法と1947教育基本法の理念に反する教育行政の強権的な動きは目にあまるものがある。

　学校は未来の主権者を育てることを使命としているはずである。その学校に憲法がしっかりと根づいていなくて、学校に自由と民主主義の風が吹いていなくて、どうして学校の使命を果すことができるだろうか。

①　一人ひとりの教師が、民主主義を瞳のように大切にしょう。教師が民主主義の実践者であってこそ、子どもたちが民主主義を学びとることができる。

②　民主主義が「多数決原理」に矮小化されてはならない。民主主義は何よりも、自他の人格の尊厳と自由を尊重し合い、意見をたたかわ

すことによって真理に近づこうとする理念を基調としているのである。

③　教師一人ひとりの教育活動の自由が保障されるとともに、学校運営そのものに民主主義が貫かれていなければならない。
　職員会議が学校運営の中心的な機関となっていること、校務運営委員会など各種委員会の公選制、学級担任などの校務分掌が本人の希望をもとに民主的に決められることなどが必要である。

④　県教委による管理職の一方的な任命制が、学校の管理・統制の主柱となっている。学校に民主主義を取り戻すためには、管理職の推薦制、それぞれの学校で管理職を民主的に選んでいく制度の確立が不可欠である。

⑤　校長の学校経営方針に沿って、一人ひとりの教員が年間の教育目標・教育計画を策定して校長に提出、その点検を受け、年度末に結果を総括して校長に報告、それをもとに校長がその教師の業績を5段階で評価し、教委に報告するという教員評価制度は、教師から教育の自由を奪い、教員統制の手段となっている。速やかに廃止させなければならない。

⑥　教師が教科書を選ぶ自由を奪われ、政治的な圧力によって、侵略戦争美化、日本国憲法否定の偏向した教科書を子どもと教師に押しつける動きが強まっている。ILO・ユネスコの「教員の地位に関する勧告」でも、教師は「教材の選択と採用、教科書の採択、教育方法の採用などについて不可欠な役割を与えられるべきである」と述べている。子どもを一番よく知っている現場の教師に教科書採択権を与えるべきである。

8）「多忙化」を解消し、教師に心身のゆとりを

　近年、現職で死亡する教師が増えている。教師の「過労死」である。

また、会議やさまざまな雑務に追われて、「子どもたちとゆっくり接する時間がない」というのが、ほとんどの教師の共通する悩みになっている。「多忙化」が、教育からゆとりを奪い、子どもと教師との間を疎遠なものにしている。

　子どもたちだけでなく、教師もまた疲れ切っている。教師の心身が癒され、ゆったりした気持ちになってはじめて、子どもたちにもゆったりと接することができる。教師がいきいきと教育活動ができてこそ、子どもたちがいきいきと学び、生活できる学校をつくっていくことができる。

① 　子どもの数が減少してきている今日、1学級の人数を欧米なみに30人以下にすることは十分可能である。ゆきとどいた教育をすすめるために、ただちに実現させなければならない。

② 　教職員を大幅に増員し、教師一人ひとりの「持ち時間」と「雑務」を減らし、子どもと接する時間と、授業の準備やまとめの時間を大きく増やすことが必要である。

　養護教諭の複数配置、司書やスクールカウンセラーの増配置もぜひとも必要である。

③ 　初任者研修や経験者研修などの一方的な官制研修が教職員の多忙化の一因となり、また自由な教育活動を阻害している。教職員の研修は本来、自発的・自主的に行われるべきものであり、その機会を保障することこそが教育行政の責任であるはずである。

　各種の研究指定校など、文部省や地教委のさまざまな「指定研究」もまた、「多忙化」をもたらしている。「指定研究」の押しつけをやめさせなければならない。

　教師の負担を増大させている理不尽な教員免許更新制はただちに廃止すべきである。

④ 　校内の各種委員会や諸会議が、教職員の多忙化の一因となっている状況も一部に見られる。基本線で大筋の合意をはかり、あとは教職

員個々の判断や創意にゆだねるような、学校運営の「柔らかさ」が必要である。

また、管理体制が強化されるなかでは、教職員間にも溝ができ、何か問題が起きても、「またあの学年か」「またあの学級か」という声がささやかれる職場も少なくない。教職員の「孤立化」、同僚間の心のつながりが薄れてきたことが、その精神的な疲労をいっそう大きくしている。

教職員が気楽に話し合い、交流し、学び合うとともに、「声を掛け合う」「ねぎらい合う」「思いを聞き合う」「バックアップし合う」ような関係をつくっていく必要がある。

それとともに、職員室で、子どもたちのことが常に話題になるような学校でありたい。

9）　父母と教職員が力を合わせて、地域に根ざした学校を

「母校」という言葉がある。かつて、学校は心のふるさとであり、地域の文化の灯台であった。国家は学校を国民教化の機関と位置づけたが、その一方で、学校は地域住民に愛され、親しまれ、守られてきた。

　今、学校はどうなっているだろうか。子どもたちが、胸をはずませていそいそと出かけるところではなくなってしまった。父母や地域住民にとっても、敷居が高くなり、普段着のままで気楽に出かけられるところではなくなっている。

①　子どもが主人公の学校は、父母と教職員が、主人公である子どもたちとともに、協力してつくりあげ、守っていくものである。親たちが「子どもを人質にとられている」思いから抜け出て、「先生たちと力を合わせて一緒につくり、運営していく」学校でありたい。

②　そのために、学校の下請け機関になりがちなPTAの改革とあわせて、子どもと保護者と教職員の代表が対等の立場で話し合う「学校

協議会」のような組織をぜひつくっていきたい。

③ 「地域に根ざした学校」にしていくために、教師がもっと地域に学び、さまざまな角度から地域を教材化していく、地域住民のなかのさまざまな分野の「専門家」たちに協力を求めていくことも大切である。たとえば「１日教師」などの形で学校の教育活動にかかわってもらうなどの試みが、もっと大胆に行われていくべきだろう。

10) 競争と選抜の教育をやめ・高校の希望者全員入学制実現を

子どもたちが追いつめられ、学校が「病んでいる」といわれる事態の主要な原因が、高校や大学の入試と、それに基づく過度の競争と選抜の教育にあることは、文部省や中教審も認めざるをえないところとなっている。しかも、その「緩和」策・「改善」策として出されてきている高校入試制度の「多元化」「多様化」や、総合学科の導入などを柱とする「高校教育改革」も、結局は「個性尊重」「多面的評価」の名のもとに、「能力に基づく棲み分け」をおしすすめるものであって、「競争と選抜の教育」を根本的に改めようとするものではない。

① 子どもの数が減少してきている今日、公立・私立のバランスを配慮しながら、希望者の高校全員入学を実現することは十分可能である。高校入試制度を廃止し、希望者全員入学制を実現すること。当面、高校通学区制の復元とあわせて、定員に満たない場合には選抜試験を実施しないこと、高校統廃合計画の中止など、父母と教職員が共同で「制度改善」の要求を練り上げ、県民的運動をすすめることが必要である。

② センター試験などを含めて、大学入試制度のあり方についても、資格試験の導入などを含めた抜本的な検討が加えられなければならない。

③ 「中高一貫教育制度」の導入、小・中学校の通学区制の「弾力化」

などを内容とする「教育改革」は、「選抜と競争」のいっそうの強化をもたらす以外のなにものでもない。

おわりに

人は人とつながってこそ生きる。そこにこそ明日への希望が

　大震災は子どもたちにも甚大な影響を与えた。肉親や友だちを亡くした子どもたち。家が跡形もなく無くなり、親も仕事を失った子どもたち。しかし、そうした中でも、子どもたちは健気に生きている。PTSD（心的外傷後ストレス障害）を抱えた子どもたちをケアし、励ましている親や教師、専門家たちがいる。全国民が大震災の惨状に心を痛め、義捐（ぎえん）金や支援物資を送り、ボランティアとして駆けつけていった。

　この十数年来、わが国では、新自由主義の風潮が吹き荒れ、「自立・自助・自己責任」が強調され、人々がばらばらに分断されてきた。「自分は自分、他人（ひと）は他人」と、「自己中心主義」が強くなってきた。しかし、「自立・自助・自己責任」で、大震災と原発事故からの復興ができるはずがない。空前の大災害のもとで、「人は人とつながってこそ生きるのだ」と、人々の心のなかに他人への思いやりが根づき、人と人との絆（きずな）の大切さが実感できる毎日である。そして、そこにこそ明日への希望が見出せるのではないか。

「自立・自助・自己責任」などではなく、「協力・共同・連帯」をこそ、21世紀に生きる私たちのモットーとしたい。

　時代閉塞と思われがちな今日の状況にあっても、日々、子どもたちに明日への希望を語り、ともに明日への希望を紡ぎあうことのできる教師でありたいと心から願っている。

⑦　「教員の働き方改革」に関する
　　中教審答申を批判する

（初出：滋賀民研オータムセミナーでの報告、2019年10月20日）

1　深刻な教員の多忙化・長時間労働

　教員の多忙化と長時間労働が大きな社会問題となっている。

　文部科学省が全国の公立小中学校の教員を対象に実施した「教員勤務実態調査」（2016年度）では、「過労死ライン」とされる月平均80時間を超える時間外労働をしていた教員が小学校で約3割、中学校では約6割に達していた。大多数の教員が「過労死寸前」の状況に置かれていると言っても過言ではない。現に、過労死した教員が増えている（教員の「過労死」について、文科省は集計さえしていない。民間の場合は労働基準監督署が認定し、「労災基金」が補償する。ところが、教員の場合には、「地方公務員災害補償基金」〈地公災〉が認定し、また補償する。これでは、検察官が判決を言い渡すようなものだ。したがって、校内で勤務中に脳卒中で倒れても、公務災害に認定されない場合が多い。認定率は民間の場合の半分以下にとどまっている。遺族が不認定の取り消しを求めて裁判に訴え、長い裁判闘争の結果、ようやく認められることになる。表沙汰になる「過労死」は「氷山の一角」といわなければならない）。

　1年間に約5,000人もの教員が精神疾患で休職せざるを得ないのも、そうした過酷な教育現場の実態を示している。これでは、一人ひとりの子どもにゆっくり向き合うことができないし、満足のいく教材研究や授業準備もできなくなってしまう。教師たちの悲鳴が聞こえてくるようだ。子どもの数は減ってきているのに、不登校が増え続けているのも、こうした状況が招いた結果というべきだろう。

　教員採用試験の時期を迎えて、受験者の減少が深刻になっている。朝

日新聞社が各地教委に問い合わせて集計した2019年度の受験者は約98,000人、2012年度の122,000人と対比して、24,000人減少している。その結果、競争率は近年のピークだった2000年の小学校12.5倍、中学校17.9倍に対比して、今年度は小学校3.2倍、中学校6.8倍と大幅に低下している。地教委の関係者は新規採用教員の「質の低下」を危惧しているという。朝日新聞は「受験者の減少は、民間の就職状況の好調もあるが、教員の長時間労働の問題も影響している」と報じている（2019年9月1日付）。

　こうした教師の多忙化は、めまぐるしく変わる教育施策、教師の自由を奪う「ゼロトレランス」や「学校スタンダード」の押しつけ、重層的管理体制や教員評価制度の導入など、安倍内閣が長年推し進めてきた「上からの教育改革」が招いた結果に他ならない。と同時に教育にお金を出し渋って教職員を増やすことを怠ってきた財政政策の責任も大きい。経済開発協力機構（OECD）の2018年9月の発表によれば、小中学校から大学までの教育費の公的支出が国内総生産（GDP）に占める割合は、わが国は、34ヶ国中、最下位の2.9％（トップはノルウェーの6.3％、平均4.2％）だった。そうした結果が教育現場の疲弊を招いている。二つの事実を指摘しておく。

　第一、2019年5月1日現在、全国の小中学校で1,241件の教員の未配置が生じているという（朝日新聞8月5日付）。これは総教員数の0.2％に相当する。産休補助を講師に依頼しようとしたが、なかなか見つからないというのである。その結果、免許外の教員に持たせたり、教頭が持ったりしているという。

　第二、上記とも関連するが、学校現場で非正規の教員が増えている。少し古い数字だが、文科省の集計では、全国の公立の小中学校の全教員の16％を非正規の教員が占めていた（2011年度）。「臨時講師」「非常勤講

師」である。賃金や労働条件が劣悪なだけでなく、研修の機会も保障されず、また期限付きなので、教育の継続性も損なわれていく。

　こうして、今、教育現場に「穴があいている」のが現実である。

2　教師は毎月、20万円も「ただ働き」させられている

　現在、「公立の義務教育諸学校等の教育職員の給与等に関する特別措置法」（給特法）によって、教員には給料月額の４％の「教職調整額」が支給されている。そのため、時間外労働に対して、労働基準法に基づく「超過勤務手当」（割増賃金）はまったく支給されていない。

　「給特法」が制定されたのは1970（昭和45）年、まだ教員の時間外労働が今日のように深刻ではなかった時代である。私事にわたるが、私は1958（昭和33）年に教職に就いた。「新任研修」などいわゆる「天下り研修」は一切なかった。赴任したのが田舎の高校で、自由で民主的な職場だったこともあっただろう。記憶に残っているのは、生徒たちとよく遊んだことである。放課後には校庭で、しょっちゅうフォークダンスや集団ゲームをしていた。日曜日には生徒たちとあちこちにサイクリングに出かけた。宿直室という教員の休憩室のようなものがあった。放課後に暇な教師が囲碁を楽しんでいた。私も先輩から手ほどきを受けた。「古きよき時代」だったというべきかもしれない。

　では、今はどうか。2018年の公立小中学校教員の平均給料月額は357,441円、その４％は14,297円である。これが「教職調整額」として、給料に上乗せして支給されている。それでは、冒頭で述べた「月平均80時間……の時間外労働」に対して、労働基準法に基づき本来支給されるべき「超過勤務手当」は、いったいいくらになるだろうか。私は、計算してみて驚いた。217,952円になったではないか。先ほどの「教職調整額」14,297円を差し引くと、203,655円分、「ただ働き」させられているのである。こうした状況にをあぐらかいて政府は法外な時間外労働を放置し

ているのである。

　全国の教師は、今こそ「ただ働きは許せない！」と大きな声を上げるべきではないか。

3　中教審、「教員の働き方改革」について答申

　中央教育審議会（中教審）は2019年1月、「新しい時代の教育に向けた持続可能な学校指導・運営体制の構築のための学校における働き方改革に関する総合的な方策について」との長い名前の答申を行った。教員の長時間労働と多忙化の解消に向けて、中教審もやっと動きだしたか、と多少とも期待をもった。しかし、目を通して驚いた。「驚く」というよりも、あきれ果てて、怒りを抑えきれなかった。

　教員の長時間労働と多忙化を解消するのであれば、多い少ないは別としても、学級定員を減らし、教員を大幅に増やす必要があることは、誰しも認めるところだろう。ところが、別紙も含めると、A4判、77ページに及ぶ長文の答申のなかで、そのことに言及しているのはわずかに1ヶ所、「検討の視点と基本的な方向性」との項目のなかで、「教職員定数の改善などの条件整備はもとより……」とお義理のように述べているだけである。これで、どうして、多忙化を解消できるだろうか、本答申では、「教員の働き方改革」がすすむはずがないことを指摘したい。

　とはいえ、そのことの指摘だけでは身も蓋もないので、以下、答申の内容に即して、その問題点を見ていくこととする。

4　「学校及び教師が担う業務の明確化・適性化」について

　答申では、日本では、教師の業務について、「範囲が曖昧なまま行っている実態がある。一方、教師以外が担った方が児童生徒に対してより効果的な教育活動を展開できる業務や、教師が業務の主たる担い手であっても、その一部を教師以外が担うことが可能な業務は少なからず存

在している」として、教師の業務について、次のように分類している（傍点は引用者）。

1) 基本的には学校以外が担うべき業務

① 登下校に関する対応
② 放課後から夜間などにおける見回り、児童生徒が補導された時の対応
③ 学校徴収金の徴収・管理
④ 地域ボランティアとの連絡調整

※その業務の内容に応じて、地方公共団体や教育委員会、保護者、地域学校協働活動推進員や地域ボランティア等が担うべき。

2) 学校の業務だが、必ずしも教師が担う必要のない業務

⑤ 調査・統計等への回答等（事務職員等）
⑥ 児童生徒の休み時間における対応（輪番・地域ボランティア等）
⑦ 校内清掃（輪番・地域ボランティア等）
⑧ 部活動（部活動指導員等）

3) 教師の業務だが、負担軽減が可能な業務

⑨ 給食時の対応（学級担任と栄養教諭との連携等）
⑩ 授業準備（補助的業務へのサポートスタッフの参画等）
⑪ 学習評価や成績処理（補助的業務へのサポートスタッフの参画等）
⑫ 学校行事の準備・運営（事務職員との連携、一部外部委託等）
⑬ 進路指導（事務職員や外部人材との連携・協力等）
⑭ 支援が必要な児童生徒・家庭への対応（専門スタッフとの連携・協力等）

私は、これを見て、教育現場の実情を全く知らない者の、「机上の空

論」にほかならないと思った。

　答申では「別表2」として、「これまで学校・教師が担ってきた代表
的な業務の在り方に関する考え方について」との表題の文書がつけられ
ている。そこからいくつかの問題点について見ていくこととしたい（以
下、断りのない場合は、本文は答申・別表2からの引用、丸カッコ内は引用
者のコメント）。

【基本的には学校以外が担うべき業務】

① 　登下校に関する対応

　……登下校の通学路における見守り活動の日常的・直接的な実施につ
いては、基本的には学校・教師の本来的な業務ではなく、地方公共団
体や保護者、地域住民など「学校以外が担うべき業務」である。

　（登下校に関する対応は、教員の本務ではない、とすべて切り捨ててよい
だろうか。小学校の中高学年や中学校であれば、それでよいだろう。しか
し、まだ学校に慣れない低学年の場合には、教師が校門まで見送ることが
親切ではないだろうか）

② 　児童生徒が補導されたときの対応

　……児童生徒の補導時の対応等については、児童生徒の家庭の事情等
により、やむを得ず教師が対応しているケースもあるが、第一義的に
は保護者が担うべきである。……基本的には学校・教師の本来的な業
務ではなく「学校以外が担うべき業務」である。

　（教育は「お役所仕事」ではない。「信頼によって成り立つ営み」だと私
は思っている。受け持ちの子どもが警察に補導されたと聞いた時、一番に
駆けつけ、事情を聞かないで、どうして問題行動に対して血の通った指導
ができるだろうか。どうして子どもや保護者の信頼を得られるだろうか）

【学校の業務だが、必ずしも教師が担う必要のない業務】

⑥　児童生徒の休み時間における対応

　……休み時間への対応は、教員免許を必要とする業務ではなく、「学校の業務だが、必ずしも教師が担う必要のない業務」である。……地域ボランティア等の協力も得ながら、全ての教師が毎日、児童生徒の休み時間の対応をするのではなく、輪番等によって負担を軽減する等の取組を促進すべきである。

　（休み時間に子どもと他愛ない会話を交わすことで、授業中にはわからない子どもの生活の様子を知り、子ども理解が深まる。子どもと日常的に接していない教師が輪番で対応しても、それでは子どもを監視することはできても、教育的には意味がない。中教審の委員は、何を考えているのかと言いたい）

⑦　校内清掃

　……校内清掃は校内で行われるものではあるが、児童生徒の清掃の見守りは、教員免許を必ずしも必要とする業務ではなく、「学校の業務だが、必ずしも教師が担う必要のない業務」である。……各学校において合理的に回数や範囲等を設定し、地域ボランティア等の参画や民間委託等を検討するなど、輪番等によって負担を軽減する等の取組を促進すべきである。

　（子どもに自分たちが毎日生活している教室を掃除させるのは、教育的に意味がないのか。もし、意味があるのであれば、教師が関わるべきだろう）

⑧　部活動

　部活動の設置・運営は法令上の義務ではなく、学校の判断により実施しない場合もあり得る。実施する場合には学校の業務として行うことになるが、平成29年度から部活動指導員が制度化されたところであり、部活動指導は必ずしも教師が担う必要のない業務である。

（部活動の指導が、とりわけ中学校において教師の大きな負担になっていることは事実である。しかし、教育的意味もあり、そのあり方については、各学校現場で十分検討されるべきである。部活動指導員の配置が一部にとどまる現状のもとで、「本務外」として一律に切り捨てることはできないだろう）

【教師の業務だが、負担軽減が可能な業務】

⑩　授業準備

教師の本務は「授業」であり、質の高い授業を行うためには、教材研究や教材作成等の授業準備は必要不可欠である。……例えば、独立行政法人教職員支援機構が現在実施している優れた授業の実践事例や、授業改善のための個別課題に応じた研修プログラムをオンラインで提供する取組を活用することで、その負担を軽減していくべきである。

（OA が著しく発達してきた今日、授業準備や教材研究にインターネットなどを積極的に活用すべきは当然である。しかし、それはあくまで、子どもの実態や教育課題に基づいて、個々の教師が取捨選択するべきである。ダウンロードした宛てがいぶちの教材をそのまま使用するべきではないだろう。教師は教授機械ではない。授業という一回限りの創造的な営みを、中教審はどう考えているのか、と言いたい）

⑪　学習評価や成績処理

……これに関する業務のうち、宿題等の提出状況の確認、簡単なドリルの丸付けなどの補助的な業務は、教師との連携の上で、単なるボランティアではないスクール・サポート・スタッフ等を積極的に参画させるべきである。

（一人か二人の教師にスクール・サポート・スタッフがそれぞれ配置されるとでも言うのだろうか。現実的にはできないことを書きたてないでほしい）

⑫　学校行事等の準備・運営

　……必要な物品の準備、職場体験活動受入れ企業への日程調整、修学旅行の運営等は、教師との連携の上で、事務職員や民間委託等外部人材等が担うべきである。

　（修学旅行の運営まで民間に委託せよと言うのだろうか）

⑬　進路指導

　……特に高等学校については、就職先が多岐にわたり、企業等の就職先の情報を踏まえた指導について、教師が必ずしもその専門性を有しているとは言えない。このため、事務職員や民間企業経験者、キャリアカウンセラーなどの……外部人材等が担うべきである。

　（学校では、学級担任と進路指導担当教員が連携し、一人ひとりの生徒の希望やその特性・能力なども勘案して、進路指導にあたっている。進路決定は、本人の将来に関わる大切な問題だからである。それを安易に「民間委託」せよとでも言うのだろうか）

5　1年単位の変形労働時間制の導入について

　今回の答申で新しく持ち出された大きな問題は、いわゆる「1年単位の変形労働時間制」を教師にも適用しようとすることである。現行の労働基準法では、時間外労働が比較的少なく、年間を通じて業務の繁閑を繰り返す業種については、1年単位の変形労働時間制を認める規定がある。しかし、地方公務員は適用除外となっている。これを法改正して、教員にも適用しようというのである。具体的には、学期末などの繁忙期には勤務時間を延長し、その分、長期休業中の勤務時間を短縮するという。しかも、労働基準法では、変形労働時間制の導入は労働協約（労働者の同意）を必須としているのを、教員には適用除外にするというのである。

　答申を受けて作成された文科省の「学校における働き方改革に関する

総合的な方策パッケージ工程表」では、2021年度からの実施に向け、2019年中の「制度改正」、2020年中に自治体などで「条例改正」をはかることとしている。すでに、昨秋の臨時国会で「公立の義務教育諸学校等の教育職員の給与等に関する特別措置法」（給特法）の「改正」を強行した。しかし、これでは形の上では課業日の超過勤務がなくなったり、短くなったとしても、実質的な多忙化が解消するわけではない。制度や条例をなぶることで、長時間労働の実態に蓋をする以外のなにものでもない。まさに姑息な手段を弄していると言わざるを得ない。

おわりに

「働き方改革」とは、働く者自身が決め、行っていくものである。働く者の声をまったく聞かずに、「働き方改革」がすすむはずがない。それは、権力者に都合のよい「働かせ方改革」にほかならない。そうした「答申」を教育現場に押しつけるようなことはぜひやめてもらいたい。問題は、教育の充実や教師たちの健康と生活のありようだけではなく、子どもたちのしあわせと日本の未来がかかわっているのだ。

※「教員の働き方改革」についての参考資料　　丸カッコ内は引用者のコメント

NPO法人日本標準教育研究所編『先生は忙しいけれど――「多忙」、その克服と課題』日本標準、2014年

（日本標準のユーザー名簿を利用して、全国の現職の小学校教員に直接郵送、回答を求めたもの。4回にわたって実施。4回目の場合、1,879人に郵送。回答者483人、回答率、25.5％。全国の小学校教員の0.1％にあたる）

○　教師として「こうありたい」と思ったことと現状の違い

　　（上位3つ、 以下同じ）

　　　①　時間的な忙しさ　　　　　76％

　　　②　精神的なゆとり　　　　　50％

　　　③　保護者との関係　　　　　29％

○　教育活動をより良いものにするために必要なこと

　　　①　時間的な余裕の確保　　　75％

　　　②　学級定員を減らす　　　　60％

　　　③　教師どうしの協力関係　　54％

○　「多忙化」について

　　強く思う　　　　　　　　　　43％

　　思う　　　　　　　　　　　　49％

○　校内での勤務時間（平均）　　　11時間18分

　　帰宅後の自宅での労働（平均）　1時間25分

○　睡眠時間（平均）　　　　　　　5時間58分

辻和洋・町支大祐編著、中原淳監修『データから考える教師の働き方入門』毎日新聞出版、2019年

（横浜市教育委員会と立教大学経営学部中原淳研究室の3年間にわたる共同研究。市内の現職の小中学校教員949人、校長30人の抽出調査がもとになっている）

○　翌日の授業の教材を準備する時間を十分に確保している。

　　「あてはまらない」　　　　　80％

○　「主体的・対話的で深い学び」について研究するための時間が十分
　　に確保できている。

　　「あてはまらない」　　　　　86％

○　休日出勤している。　　　　　79％

○　平均睡眠時間　　　　　　　　5時間52分

（OECDの2018年度の調査では、日本人の平均睡眠時間は7時間22分で、31ヶ国で最下位。それよりも1時間半短い。これでは、過労死するのが当然ではないか）

○　1か月あたりの読書冊数

　　6冊　3％　　5冊　5％　　4冊　3％　　3冊　8％

　　2冊　16％　　1冊　34％　　0冊　32％

（1ヶ月に1冊も本を読まない教師が3割もいるのにもびっくりした）

○　これから教師を志す若い人に教職を勧めるか

　　そう思わない　　　　　　　　66％

（教師が教職に就くことを勧められない状況で、教育がよくなるはずはないだろう）

○　今、抱えている悩み（上位3つ）

　　①　授業の準備をする時間が足りない。　　　65％

　　②　仕事に追われて、生活のゆとりがない。　59％

　　③　保護者との関係　　　　　　　　　　　　35％

（教師が授業の準備も十分にできない現状を文部科学省や教育委員会はどう考えているのか聞きたいものだ）

8 「教育勅語」を復活させてはならない
——「教育勅語」問題の歴史的経過と問題点

（初出：「歴史修正主義批判研究会」話題提供資料、2019年5月14日）

はじめに

「教育勅語」が国民をあの無謀な戦争に駆り立て、内外の甚大な尊い命を奪う上で大きな役割を果たしたことは、何人も否定し得ない歴史的事実である。そうだからこそ、「日本国憲法と相いれない」として、戦後、衆参両院の本会議で排除・失効確認決議が満場一致で採択されたのである。「勅語」に郷愁を覚える保守的政治家は残念ながらけっこういるが、歴代の自民党内閣もさすがに「教育勅語を学校教育の場で使ってはならない」との立場を踏襲してきた。

ところが、「戦後レジュームからの脱却」を叫び、平和憲法を壊し、日本を再び「戦争をする国」に変えようと狂奔している安倍内閣は、とうとう「憲法や教育基本法に反しないような形で教育勅語を教材として用いることまで否定されないと考えている」と、学校教育の場での使用を容認するに至っている。憲法や教育基本法に反するからこそ、国会が排除・失効確認決議をしたのである。そして、国会の決議は今日も内閣を拘束しているはずである。

「教育勅語」がどういう経過で作られたのか。それがどういう役割を果たし、なぜ国会が排除・失効確認決議をしたのか。そして、安倍内閣の新たな「見解」は何をねらっているのか。われわれはこれにどう立ち向かっていくべきか。こうした諸点について、改めて私なりに問題点を整理してみた。大方のご検討・ご批判をいただきたい。

1　「教育勅語」はどういう経過で作られ、何を目的としたか

1）　明治初期の教育政策

　明治初期の日本の政治は、ひとことでいえば、「欧米諸国に見習い、これに追いつけ」との考えですすめられたと言ってもほぼ間違いないだろう。1871（明治4）年から1873年にかけて総勢107人で出かけた岩倉使節団を初めとして、政府の要人は欧米に学び、日本の近代化をすすめようとした。学校教育もその例外ではなかった。

　1872（明治5）年の「学制」発布で、近代の学校制度が始まったが、それは、「国家のための教育」ではなく、教育は「身を立てる基である」との考え方に基づくものであった。

　　「人々自ラ其身ヲ立テ、其産ヲ治メ、其業ヲ昌ニシテ以テ其生ヲ遂ル
　　所以ノモノハ他ナシ、身ヲ修メ智ヲ開キ才芸ヲ長スルハ、学アラサレ
　　ハ能ハス。是レ学校ノ設アル所以ニシテ……」（1872年8月2日、「学
　　事奨励に関する布告）

　したがって、後のように「国定教科書」は作られておらず、学校が自由に教科書を選んでいた。福沢諭吉の『学問のすすめ』など、いわゆる「啓蒙思想」にもとづくテキストが用いられていた。

　そのことも大きな背景となって、西洋の近代思想が普及し、やがて「自由民権運動」が激しく起こっていく。それに押されながら、しかし、それを押しつぶして、「万世一系ノ天皇ガ統治スル」大日本帝国憲法が制定されていくなかで、教育の方向転換がはかられていった。

2）　天皇側近たちの逆襲

　1879（明治12）年に明治天皇は伊藤博文らに「教学聖旨」を出した。政

府の教育政策は知識・才芸の教育に偏っており、儒教的な徳育を重視すべきだとするものであった。実際にこれを起草したのは、長らく明治天皇の侍講を務め、後に「教育勅語」の起草にも関わった元田永孚だった。1881（明治14）年の政変以降、自由民権運動に徹底的な弾圧を加え、「天皇主権」の欽定憲法の制定をめざした政府は、啓蒙思想を忌避し、天皇制イデオロギーのもとに国民教化をはかろうとした。

　勅語制定の直接のきっかけは、帝国憲法発布の翌1890（明治23）年2月にもたれた地方長官会議であった（地方長官＝府県知事で内務官僚）。知事たちは、かねてから儒教的な徳育がすたれてきたことに強い不満を持っていた。そこで、「徳育涵養ノ議ニ付建議」を行ったのである。折から、先に「軍人勅諭」を起草した山県有朋が総理大臣になっていた。そこで徳育に熱心な芳川顕正を文相に起用、芳川は明治天皇から直々に「教育上の箴言をつくるように」と声をかけられた。こうして、文部省が勅語起草に乗り出すこととなった。

（箴言＝本来は「旧約聖書」の一書。格言ないし処世訓）

3）　中村正直案から井上毅・元田永孚案へ

　文部省が最初に箴言の起草を委ねたのは中村正直であった。中村は、東大教授を務め、その時は女子師範学校の校長であった。当時の青年たちを魅了した『西国立志編』の訳・編者としても著名であった。しかし、中村が起草した草案は、忠・孝と仁愛信義とを倫理の基本としながら、人間一人ひとりに倫理のもとになる心があるとするもので、かなり長文でもあった。これを痛烈に批判したのは、伊藤博文のもとで大日本帝国憲法の起草にあたった内閣法制局長官の井上毅であった。一方、先述の元田永孚も自分で「勅語」の草案を起草していたが、井上が起草していると知って、これに協力するようになり、二人の手で勅語の原案ができた。

　井上は、立憲主義との調和をはかるため、「君主が臣民に道徳の基本を指し示すのはよくない。したがって、君主個人の著作物として扱う方法をとるべきだ」と考えていたようである。そこで、行政上の勅語は担当する大臣が副署する習わしであったのを、副署を省いた。また、国全体に公布しないことも考えていたともいわれる。しかし、結局、明治天皇の意思で「文部大臣を宮中に招いて下賜する」という形式がとられ、井上の考えに反して、大臣の副署がないのは、天皇の署名のみの「神々しい文書」と受けとられて、その「謄本」が全国のすべての学校に「下賜（か）」され、特別扱いされることとなった。

　教育勅語が発布されたのは1890（明治23）年10月30日である。11月3日は「天長節」で、官公庁・学校で式典が行われる。早速、勅語が「奉読」されることも期待したのではないか。また、絶対主義天皇制を根幹とする大日本帝国憲法の発布は前年の2月11日、施行は勅語発布の約1ヶ月後の11月29日、その2日前の25日には第1回帝国議会が召集された。このように、教育勅語は明治憲法と一体のものとして発布され、帝国議会の召集前に出されたのである。

4）「教育勅語」を読む

教育ニ關スル勅語

朕惟（チンオモ）フニ我カ皇祖皇宗國ヲ肇（ハジ）ムルコト宏遠ニ徳ヲ樹（タ）ツルコト深厚ナリ。我カ臣民克ク忠ニ克ク孝ニ、億兆心ヲ一（イツ）ニシテ、世々厥ノ美ヲ濟（ナ）セルハ此レ我カ國體ノ精華ニシテ、教育ノ淵源亦實（エンゲンマタジツ）ニ此処（ココ）ニ存ス。爾（ナンジ）臣民、父母ニ孝ニ、兄弟ニ友ニ、夫婦相和シ、朋友相信シ、恭儉己（オノレ）レヲ持（ジ）シ、博愛衆ニ及ホシ、學ヲ修メ業ヲ習ヒ、以テ智能ヲ啓發シ、徳器ヲ成就（ジョウジュ）シ、進テ公益ヲ廣メ、世務ヲ開キ、常ニ國憲ヲ重ジ國法ニ遵（シタガ）ヒ、一旦緩急アレハ義勇公（コウ）ニ奉シ、以テ天壤無窮ノ皇運（ウン）ヲ扶翼スヘシ。是ノ如（カク）キハ獨リ朕カ忠良ノ臣民タルノミナラス、

又以テ爾（ナンジ）祖先ノ遺風ヲ顯彰スルニ足ラン。

斯ノ道ハ實（ジツ）ニ我カ皇祖皇宗ノ遺訓ニシテ、子孫臣民ノ倶（トモ）ニ遵守スヘキ所、之ヲ古今（ココン）ニ通（ツウ）シテ謬（アヤマ）ラス、之ヲ中外ニ施シテ悖（モト）ラス。朕爾（ナンジ）臣民ト倶（トモ）ニ拳々服膺（ケンケンフクヨウ）シテ咸其（ソノ）徳ヲ一（イツ）ニセンコトヲ庶幾（コイネガ）フ。

　　明治二十三年十月三十日

　　　　御名御璽

文部省通釈（1940年、文部省図書局「教育に関する勅語の全文通釈）

　朕がおもふに我が御祖先の方々が国をお肇（はじ）めになったことは極めて広遠であり、徳をお立てになったことは極めて深く厚くあらせられ、又、我が臣民はよく忠にはげみよく孝をつくし、国中のすべての者が皆心を一にして代々美風をつくりあげて來た。これは我が国柄の精髄であって、教育の基づくところもまた実にこゝにある。汝臣民は、父母に孝行をつくし、兄弟姉妹仲よくし、夫婦互に睦び合ひ、朋友互に信義を以て交り、へりくだって気随気儘の振舞をせず、人々に対して慈愛を及すやうにし、学問を修め業務を習って知識才能を養ひ、善良有為の人物となり、進んで公共の利益を広め世のためになる仕事をおこし、常に皇室典範並びに憲法を始め諸々の法令を尊重遵守し、万一危急の大事が起ったならば、大義に基づいて勇気をふるひ一身を捧げて皇室国家の爲につくせ。かくして神勅のまに々々天地と共に窮（きわま）りなき宝祚（あまつひつぎ）の御栄をたすけ奉れ。かやうにすることは、たゞに朕に対して忠良なる臣民であるばかりでなく、それがとりもなほさず、汝らの祖先ののこした美風をはっきりあらはすことになる。

　こゝに示した道は、実に我が御祖先のおのこしになった御訓であって、皇祖皇宗の子孫たる者及び臣民たる者が共々にしたがひ守るべきところである。この道は古今を貫ぬいて永久に間違がなく、

又我が国はもとより外国でとり用ひても正しい道である。朕は汝臣民と一緒にこの道を大切に守って、皆この道を体得実践することを切に望む。

　　明治二十三年十月三十日

　　　御名御璽

2　「教育勅語」はどう扱われ、どう影響をもたらしたか

1）「教育勅語」はどう扱われたか

　教育勅語は、公布と同時に、全国のすべての学校にその謄本が交付された。学校教育を通して勅語の思想を国民に浸透させるために、三つの方法がとられた。

　第一に、祝祭日の儀式における校長による奉読とそれに続く訓示である。第二に、毎日行われる勅語に向っての拝礼、第三に、修身の時間などで行われる通釈であった。

　勅語「下賜」の翌1891（明治24）年6月、文部省令「小学校祝日大祭日儀式規定」が出された。これによって、「御真影」（天皇・皇后の肖像写真）への拝礼、「教育勅語奉読」、校長訓話、唱歌（君が代など）斉唱、の儀式の型が定められた。それまで単なる休日に過ぎなかった祝祭日には、教員・児童生徒の登校・儀式への参列が強制されることになった。また、当初は「三大節」（元日、紀元節、天長節）であったが、1927（昭和2）年から「明治節」が追加され、「四大節」となった。

　私は1934（昭和9）年の生まれ。あの大戦中、小学校（天皇の民＝皇国民を錬成するために「国民学校」と改称されていた）で、教育勅語をたたき込まれた世代である。「朕惟フニ我カ皇祖皇宗国ヲ肇ムルコト宏遠ニ徳ヲ樹ツルコト深厚ナリ……」と今でも暗唱することができる。それは天皇が臣民に授けたものであり、「一旦緩急アレハ義勇公ニ奉シ以テ天壌

無窮ノ皇運ヲ扶翼スヘシ……」＝「国家一大事の際には、天皇のために命を捧げよ」と命じた、天皇制絶対主義教育の根本理念を説いたものであった。すべての子どもたちが、知らず知らずのうちに、勅語の精神をたたきこまれていった。

　たぶん、その国民学校の低学年の頃のことだっただろう。近所の人に「みのるちゃん、大きくなったら何になるの？」と聞かれると、胸を張って「陸軍大将！」と言っていたという。私もいつの間にか、いっぱしの「軍国少年」になっていたのだった。

　学校に「下賜」された「御真影」と勅語の謄本を安全に守ることが校長など管理職の絶対的な「使命」であった。地震・火事・風水害・津波や火山の噴火など、この国は今も昔も、いつ何時災害が起きるかわからない。その時には、子どもたちの安全・生命よりも、「御真影」と「勅語謄本」を守ることが最優先された。それらを救い出すために殉職した校長や教員が「美談」として称えられ、逆に守れなかった者は厳しい処罰を受けた。

　作家・久米正雄の父は長野県上田の小学校長だったが、学校火災で「御真影」などが焼失した責任をとって割腹自殺したという。明治42年から昭和12年の間に27人が学校火災から「御真影」などを守るために「殉職」した（伊ケ崎暁生『文学でつづる教育史』民衆社、1974年）。戦前の学校は男子の教員が輪番で宿直をしなければならなかった（戦後、日教組が「宿日直廃止闘争」をするまで続いていた）が、これは「御真影」などの安全確保のためであった。

　やがて、1920年代以降、木造校舎から離れたところに「御真影」と勅語の謄本を納める収納庫＝「奉安殿」が設けられた。「奉安殿」だけは防火性を重視して鉄筋コンクリート造りだった。子どもたちは、毎日、その前を通る時には「最敬礼」をしなければならなかった。

　教育勅語が出された翌1891（明治24）年の「小学校教則」（文部省令）第
２条には「修身ノ教育ハ教育ニ関スル勅語ノ旨趣ニ基キ児童ノ良心ヲ以
テ啓培シテ、其徳性ヲ涵養シ人道実践ノ方法ヲ授クルヲ以テ本旨トス」
と規定されていた。
　４年生以上の国定修身教科書の巻頭には勅語全文が収録された。と
りわけ最終の６年生の場合には、趣旨の説明文があり、教師たちは授業
で必ず丁寧に講釈を加え、子どもたちは暗唱しなければならなかった。
こうして、学校教育を通して、「教育勅語」の精神が全国民のなかに浸
透していった。そして、国民をあの無謀な戦争に駆り立てていったの
だった。

2）「教育勅語」に対する批判・抵抗

　当時の国民すべてが「教育勅語」を受け入れ、歓迎したわけではな
い。勅語発布の翌1891年に起こったのが、内村鑑三不敬事件である。内
村は当時、第一高等中学校（後の第一高等学校、東京大学教養学部の前身
の一つ）の嘱託教員であった。ところが、同校の「勅語奉読式」でキリ
スト教徒としての良心から、他の教員・生徒のように深く拝礼せず、
ちょっと頭を下げただけだった。それを、他の教員・生徒が問題にし、
「不敬事件」として騒ぎたて、結局内村は依願解嘱となった。一高生徒
たちの「自分たちこそ日本の将来を担っている」というエリート意識が
有為な人材を教壇から追放したということもできよう。
　文部省委嘱の教育勅語解説書『勅語衍義』の著者・井上哲次郎は『教
育と宗教との衝突』を刊行、「キリスト教は国体に反する」と論難し
た。これに対して内村は反論を「公開状」として発表、井上の批判をこ
とごとく論破した。キリスト者からの勅語への批判が続くが、天皇制国
家の官僚にはこうした言論を許容する寛容の精神はなかった。結局、勅
語の発布は、まさに「日本国家が倫理的実体として価値内容の独占的決

定者たることの公然たる宣言」（丸山真男『超国家主義の論理と心理』岩波文庫、2015年）となった。

　自由民権運動のすぐれた理論家であり、後に「大逆事件」という「でっちあげ」によって無惨にも処刑された幸徳秋水は『帝国主義』（1901年）のなかで、「帝国主義はいわゆる愛国心を経とし、いわゆる軍国主義を緯となして、織りなされる政策」と断じて、「教育勅語」をきびしく批判している。佐藤広美・藤森毅の共著『教育勅語を読んだことのないあなたへ』（新日本出版社、2017年）では、明治時代に勅語に批判的な姿勢をとったと思われる人たちとして、石川啄木や島崎藤村、夏目漱石などを挙げている。

　学校教育を通して勅語をたたきこまれた子どもたちも、唯々諾々とそれに従っていたわけではない。韮沢忠雄は『教育勅語と軍人勅諭　―こうしてぼくらは戦争にひきこまれた―』（新日本出版社、2002年）のなかで、勅語を暗唱させられた自らの体験を次のように述べている。

　　むずかしい言葉が多くて意味はよくわからないので、休み時間になると、「チン」と鼻をかむまねをし、「おもうに」と腕組みをして、「わがコソコソ」といって友達のわきの下をくすぐる。相手は「やったな！」といって追いかけてくる、といった遊びをしていた。

　これはまだおとなしい方で、新潟県白根市の小学校では男子児童は次のような歌を歌っていたという。

　「朕がうっかり屁をこいた　なんじ臣民臭かろう　国家のためにがまんしろ」（岩本努『教育勅語の研究』民衆社、2001年）

　なんとなく教育勅語の核心を言い当てたような歌だが、こういうとこ
ろにもあらわれているように、当時の子どもたちはうわべは先生の言う
通りにやっていたが、内心はかたくるしい儀式や勅語の暗唱にいや気が
さしており、休み時間にはせめてこうしてふざけることで解放感を味
わっていたのではないかと思う。

　同様の歌は、山中恒『ボクラ少国民』（辺境社、1980年）でも紹介され
ているようだから、けっこう広く歌われていたのであろう。

3　戦後、「教育勅語」はどうなったか
—— 衆参両院で「排除」「失効確認」決議

　1945（昭和20）年8月15日、日本はポツダム宣言を受託して、連合国
に無条件降伏した。ポツダム宣言は、①日本を戦争に導いた勢力の除
去、②民主主義的傾向の復活・強化、③言論、宗教及び思想の自由、基
本的人権の尊重などを規定した。教育勅語がその命運を終えたことは明
白であった。しかし、敗戦は直ちに日本の政治権力の交代を意味しな
かった。教育勅語にしがみつこうとする旧勢力が依然として力をもって
おり、真に日本の民主化を求める動きとのはざまで、勅語はしばらく翻
弄されることとなった。

　1946年3月、文部省は「国民学校令」を改正し、「学校儀式での勅語
奉読の義務づけ」と「教育は勅語の趣旨に則る」との項を削除した。し
かし、勅語の謄本は依然として学校に保管されており、儀式の際、「奉
読」する学校もあった。教育勅語そのものは大切なことが述べられれて
いるとの容認論がある一方で、新しい勅語の制定を求める議論も起きて
きた。とはいえ、主権在民の新しい憲法の制定作業が進むなかで、教育
勅語をそのままにしておくことは許されない。同年10月6日、文部次
官名で「勅語及詔書等の取扱について」との通牒が出された。そこで、
やっと学校の儀式で勅語を読まないことが明示された。

　やがて、日本国憲法が制定・公布され（同年11月3日）、その趣旨をふまえた教育基本法が公布・施行された（翌1947年3月31日）。「教育勅語」がそれらと相いれないことは明白であった。しかし、「教育勅語」に引導を言い渡したのは、GHQ（連合国軍最高司令部）の上級機関・極東委員会の1947（昭和22）年3月27日の「勅語・詔書は教授・研究あるいは学校における儀式のよりどころとして使用されるべきでない」との決定であった。

　こうした経過を経て、ようやく1948年6月19日、衆参両院の本会議で勅語の「排除」「失効確認」の決議が満場一致で採択されたのである。

教育勅語等排除に関する決議

1948（昭和23）年6月19日　衆議院本会議

　民主平和国家にして世界史的建設途上にあるわが国の現実は、その精神内容において未だ決定的な民主化を確認するを得ないのは遺憾である。これが徹底に最も緊要なことは教育基本法に則り、教育の革新と振興とをはかることにある。しかるに既に過去の文書となっている教育勅語並びに陸海軍軍人に賜りたる勅諭その他の教育に関する諸詔勅が今日もなお国民道徳の指導原理としての性格を持続しているかの如く誤解されるのは、従来の行政上の措置が不十分であったがためである。

　思うに、これらの詔勅の根本理念が主権在君並びに神話的国体観に基いている事実は明らかに基本的人権を損い、且つ国際信義に対して疑点を残すもととなる。よって憲法第九十八条の本旨に従い、ここに衆議院は院議を以て、これらの詔勅を排除し、その指導原理的性格を認めないことを宣言する。政府は直ちにこれらの詔勅の謄本を回収し、排除の措置を完了すべきである。

　右決議する。

教育勅語等の失効確認に関する決議

1948（昭和23）年 6 月19日　参議院本会議

　われらは、さきに日本国憲法の人類普遍の原理に則り、教育基本法を制定して、わが国家及びわが民族を中心とする教育の誤りを徹底的に払拭し、真理と平和とを希求する人間を育成する民主主義的教育理念をおごそかに宣明した。その結果として、教育勅語は、軍人に賜はりたる勅諭、青少年学徒に賜はりたる勅語その他の諸詔勅とともに、既に廃止せられその効力を失っている。

　しかし、教育勅語等が、あるいは従来の如き効力を今日なお保有するかの疑いを懐く者もあるをおもんばかり、われらはとくに、それらが既に効力を失っている事実を明確にするとともに、政府をして教育勅語その他の諸詔勅の謄本をもれなく回収せしめる。

　われらはここに、教育の真の権威の確立と国民道徳の振興のために、全国民が一致して教育基本法の明示する新教育理念の普及徹底に努力を致すべきことを期する。

　右決議する。

4　許せない「教育勅語」の復活

1)　「学校教育の場で使ってはならない」

　衆参両院の「排除」・「失効確認」の決議によって、「教育勅語」問題は終止符を打たれた。勅語に郷愁を覚える保守的な政治家はけっこういたけれど、政府も文部省（2001年に「文部科学省」と改称）も一貫して、「勅語問題は決着がついている」「学校教育の場で使用してはならない」との態度をとってきた。一、二の実例を挙げておこう。

　1983（昭和58）年の「建国記念の日」に島根県のある私立高校が「勅

語」を「奉読」していたことが問題になった。日本社会党（当時）の本
岡昭次議員の追及に対して、政府側は次のように答弁した。「昭和21年
及び23年、教育勅語を朗読しないこと、また衆参両議院でもそういう趣
旨のことを決議されております。」（瀬戸山三男文部大臣）

　「教育勅語の扱いにつきましては、学校という公の教育を行う場にお
きまして教育活動の中で取り扱ってはならないということは、学校を経
営する者はわかっているはずのもので……」（鈴木勲文部省初等中等局長）

　最近の事例では、2014（平成26）年4月、安倍首相の側近で「改憲」推
進役をしている下村博文文部科学大臣（当時）が、「教育勅語の中身その
ものについては今日でも通用する普遍的なものがあるわけでございまし
て、この点に着目して学校で教材として使う、教育勅語そのものではな
くて、その中身ですね、それは差し支えないことであるというふうに思
います」と、勅語の使用を容認するがごとき、とんでもない答弁をした
ことがあった。この時は、直後に日本共産党の宮本岳志議員が追及し、
「教育勅語そのものを教材として使うということは考えられない」（前川
喜平初等中等局長）との答弁を引き出して決着した。

2）　火種は「森友学園」問題

　2017（平成29）年、政府答弁が一変した。きっかけは「森友学園」疑惑
である。学園が大阪の豊中市で建設しようとしていた「瑞穂の國記念小
学校」（当初は「安倍晋三記念小学校」）が国有地を8億円も値引きして取
得するという破格の扱いを受けていたことが明るみに出たことが発端で
あった。ところが、やがて、森友学園が経営していた「塚本幼稚園」で
園児に教育勅語を暗唱させていたことも明らかになった。この学園につ
いて、安倍首相は、当初、「良い教育をやっていると妻から聞いている」
と国会で答弁していた（安倍昭恵首相夫人が同小学校の名誉校長に就任して
いた）。

　こうして、2017年の通常国会は、国有地の破格の値引き疑惑と併せて、園児に勅語を暗唱させることの是非が議論されることになった。そうしたなかで、安倍内閣は従来の答弁を覆し、教材として使用することを容認するに至ったのである。すなわち、「憲法や教育基本法に反しないような形で教育勅語を教材として用いることまでは否定されないと考える」（政府答弁書2017年3月31日付）。

　このニュースに私は開いた口がふさがらなかった。なぜなら、憲法や教育基本法に反するからこそ、衆参両院の本会議で満場一致、「排除」「失効確認」の決議があげられたのである。そして、いくら時間が経過しようとも、その決議は政府を拘束しているはずである。だから、歴代内閣や歴代の文相・文科相も個人的には勅語に郷愁を感じていたとしても、「教材として使うことは許されない」との見解を踏襲してきたのである。

　ここには、国会の多数にあぐらをかいて、歴代内閣が「平和憲法のもとでは許されない」としてきた集団的自衛権を一片の閣議で覆す政治手法があらわれている。「戦後レジュームからの脱却」を目指す安倍首相は、「戦前の日本への回帰」、そして「教育勅語」という亡霊の復活をも目指そうとしているのである。

　私たちは、このような歴史の逆行を断じて許すことはできない。

おわりに ──「勅語」の復活を許さないために

『教育勅語』の復活という歴史の逆行を許さないために、私たちは、何をなすべきか。一、二、私見を述べて筆を措きたい。

　かつて、私が中学・高校で学んだ文部省著作の教科書『民主主義』は「政治によってゆがめられた教育を通じて、太平洋戦争を頂点とする日本の悲劇が着々と用意されていったのである」と厳しい反省の言葉を述べていた（P.41参照）。この項を書いた人は、おそらく「教育勅語」も念

頭にあったことだろう。

　すでに述べたことだが、歴代自民党内閣も、さすがに教育勅語については、「学校で使用することは許されない」とする見解を長らくとってきた。ところが、安倍内閣は、これを覆す閣議決定を行ったのである。憲法で明確に否定され、歴代内閣も踏襲してきた平和憲法とは相いれない「集団的自衛権」を、一内閣の閣議でもって容認した「戦争法」と同じ手法がここにはある。そのことは、政府の強権解釈でもって、「黒」を「白」と言ってごまかし通そうとする、問題の「もり・かけそば」＝「森友学園」や「加計学園」問題にも通底している。国会の多数にあぐらをかいた、民意無視の傲慢な政治姿勢と言わざるを得ない。

　しかし、「奢れる者ひさしからず」。暴走と奢りに徹し、己を顧みようとしない者に未来はない。安倍内閣を退陣に追い込むことこそ、歴史の逆行を許さない最短の道ではないか。

　同時に、歴史学習のなかで、あるいはさまざまな成人の集まりのなかでも、「教育勅語」がどういう意図でつくられ、どういう役割を果たしてきたのか、なぜ戦後、衆参両院の本会議で満場一致、「排除」「失効確認」の決議がなされたのか、等々について、しっかり学ぶことが大切ではないか。小論がそのための一助となれば幸いである。

■参考文献

山住正己『教育勅語』（朝日選書、1980年）

高嶋伸欣『教育勅語と学校教育　―思想統制に果たした役割―』（岩波ブックレット、1990年）

韮沢忠雄『教育勅語と軍人勅諭　―こうしてぼくらは戦争にひきこまれた―』（新日本出版社、2002年）

佐藤広美・藤森毅『教育勅語を読んだことのないあなたへ』（新日本出版社、2017年）

岩波書店編集部編『教育勅語と日本社会』（岩波書店、2017年）

長谷川亮一『教育勅語の戦後』（白澤社、2018年）

2018年（平成30年）5月25日（金）　10版　オピニオン　14

オピニオン＆フォーラム

それでも否定続ける首相へ

大学非常勤講師　山田　稔
（滋賀県　84）

私は長らく学校教育の場に身をおいてきた者として、今の政情を本当に憂えています。

森友・加計問題が連日、テレビで報道されています。子どもたちもそれを見ています。いじめた子を注意した時、「僕はいじめていない」と言い張り、周りの子もいじめた子どもをかばって、「僕たちは見ていない」と言ったら、教師はどう指導したらいいのですか。まさかいじめがなかったことにするわけにはいかないでしょう。

21日、愛媛県が加計学園に関する文書を国会に提出。2015年2月25日、加計学園理事長が安倍晋三首相と面談、獣医学部新設の構想を説明、首相が「いいね」と応じたと記載されています。ところが首相は国会で面談の事実を否定しました。文書が明らかになる前の朝日新聞社の世論調査でも、83％が「疑惑は晴れていない」と答えていました。

さらに23日、財務省が森友関連の交渉記録を意図的に廃棄したことが判明。不信は深まりました。

古来、「火のないところに煙は立たず」と言います。潔く身を引くべきではありませんか。

朝日新聞　2018年5月25日付　オピニオン＆フォーラム掲載

第2章

「子ども事件」を読み解く

① 学校教育と子どもの人権について
——「いじめ」と体罰問題を中心に

（初出：『地域同和』1986年12月、滋賀県解放県民センター）

1 「生きジゴク」の苦しみ
—— 鹿川君が自ら命を絶って訴えたこと

**「俺だってまだ死にたくない。だけど、このままじゃ『生きジゴク』に
なっちゃうよ。ただ、俺が死んだからって、他のヤツが犠牲になったん
じゃいみないじゃないか。だから、もう君達もバカな事をするのはやめ
てくれ。最後のお願いだ」**

　今年（1986年）の2月1日、父親の郷里の盛岡まで出かけ、駅のトイ
レで首つり自殺をした東京中野区の中学2年生、鹿川裕史君の遺書で
す。

　昨年（1985年）1年間に、9人の中学生がいじめが原因で自殺しまし
た。子どもたちの間のいじめが大きな社会問題となり、これにどう対応
していくかについて各方面から提言も出され、取り組みがすすめられ出
したなかでの鹿川君の自殺でした。そして、鹿川君の自殺にいたる経過
や、その前後の学校・教師の対応が明るみに出るにつれ、この事件は、
「生きジゴク」と言わなければならないようないじめの深刻な実態とと
もに、学校・教師のこの問題のとらえ方や対応を通して、教師の人権感
覚・人権意識の問題を他のどの事件よりもするどく提起するものとなり
ました。

　鹿川君は、2年生になってツッパリグループに入り、「使いっぱしり」
をやらされてきたこと、夏ごろからすでにグループを抜け出したいと訴
えていた彼に対して、2学期に入るといじめが集中し、無理にケンカを

させられたり、顔にマジックでヒゲを書かれたり、木に登りついて歌を
うたわされたりしたといいます。お父さんから担任の先生に２度、３度
と訴えがあり、担任はグループの生徒たちに注意したが効果はなかった
ようでした。11月には、遅刻した彼がいなかった教室で、彼を死者に見
たてての「葬式ごっこ」までやられていたのでした。しかも、その「葬
式ごっこ」には、生徒たちに「ジョーク、ジョーク」と言われて、請わ
れるまま、担任を含めた４人の教師が「安らかにお眠りなさい」「お元
気で、さようなら」と色紙にサインまでしていたといいます。

　３学期に入って、鹿川君は学校を休みがちになりました。行けば、
グループから暴行を受けるからです。そして、１月30日午後、それが最
後となった学校に登校した彼は、やはり殴る、蹴るの暴行を受け、教師
に保護されました。ボスたちに靴を便所に投げこまれて困りはてている
鹿川君を見て、担任の教師は黙って靴を水道で洗ってやり、「自分には
これだけのことしかできない」「お父さんに警察に訴えてもらうか、転
校する以外に道はない」ともらし、２月１日に両親を交え、４人で話
し合うことにしました。その前日、１月31日、鹿川君は二度と帰らない
決意で家を出たのでした。

　私は、教師の一人として、ほんとうにやるせない思いで、この事件の
新聞報道を読み、関係記事のスクラップをしてきました。今また、やる
せない思いで、この原稿をまとめています。
　今日の子どもたちのいじめについては、偏差値による輪切り・選別に
傾斜していかざるを得ない教育制度の矛盾や退廃的な社会・文化が子ど
もたちをむしばんでいることなども含めて、さまざまを背景・要因がか
らみあっており、学校と教師にその責任のすべてを帰すことは正しくな
いと思います。しかし、同時に、子どもたちの人間的成長を促すべき教
育の場で、明白な人権侵害が横行していることに、まず教師が最も責任

を負うべきこともまた自明であろうと思うのです。

　子どもの人権を教師がどれだけ真剣にとらえているのか、教師自身の人権感覚はどうなっているのか、──鹿川君は自ら命を断つことによって、私たちにそのことを提起してくれたのではないでしょうか。

2　依然として横行している教師の体罰

　いじめが大きな社会問題となり、これと関連して教師の人権意識・人権感覚が問われるなかで、いまひとつクローズアップされてきたのは、教師の体罰と校則など管理的指導の問題でした。

　体罰について思い出されるのは、1985年5月、岐阜県内の高校生が修学旅行先の茨城県筑波のホテルで、学校が禁止していたヘアドライヤーを持ってきていたというので、担任の教師から殴る、蹴るの激しい暴行を受け、ついに死亡するにいたった事件のことです。その年の4月に転任してきたばかりの担任の教師は、平生は体罰を加えたことはほとんどなかったようです。それが「体罰をしない教師は不熱心だ」と生徒指導の「甘さ」をなじられ、たまたまドライヤー持参の違反者が3人とも自分のクラスから出たことに責任を感じ、生徒指導担当の教師が先に体罰を加えたあと、死にいたらしめるほどの激しい体罰を加えたのでした。そうした経過は、この事件が特異な突発的事件ではなく、その高校の体罰是認の風潮の中で、起こるべくして起こった事件であることを示しています。

　岐阜県では、その少し前の3月に、槍投げの選手としてインターハイの県予選で優勝し、将来が期待されていた一人の女子高校生が、県高体連の強化委員長を務める顧問教師の暴力的なしごきにたえかねて自殺するといういたましい事件が起きていました。自室に残っていた遺書には、「たたかれるのはもうイヤ、泣くのももうイヤ……お父さん、お母

さん、私ほんとにつかれたの……もうダメなの……」と書かれていました。

　体罰については、学校教育法第11条で全面的に禁止されていることを知らない教師はいないと思います。それにもかかわらず、実際には体罰は広く行われており、また、これを是認する風潮も大変根強いものがあります。教育の場において、これほど、たてまえと実態がかけ離れている例も珍しいのではないでしょうか。

　NHKが1985年8月、全国の公立中学校の教師1,000人を対象に行った調査では、「あなたは去年1年間に生徒をたたく、蹴る、長時間正座させるなどの体罰を加えたことがありますか」との問いに、62％の人たちが「ある」と答えており、「ある」と答えた人の77％がそれが「正しい判断だった」と答えています。ほぼ同じ時期に、「教育をよくする岐阜県民会議」が県下の小・中・高の児童・生徒を対象に行った調査では、2,655人の子どもたちのうち、1,984人（74.7％）が「学校の先生にしかられて、たたかれたり、蹴られたり、痛い目にあったことがある」と答えています。

　少し前になりますが、1981年9月に大阪府小・中学校生徒指導研究協議会が府下の小・中学校教員1,500人を対象に行った「生活指導についてのアンケート」結果によれば、「体罰は必要である」23.4％、「体罰はよくないが、事情によってはやむを得ない」70.6％、「体罰は絶対いけない」と答えた教員はわずかに6.1％であり、体罰はよくないと知りつつ、これを是認する意識が大変根強いことをうかがわせます。

「教育熱心のあまり手を出した」と言い訳がなされ、また「そのくらい厳しくやらなければ、今の子どもは言うことを聞かない」という声も耳にします。「先生、一つや二つ、たたいてもけっこうです。厳しく指導してください」という親の声も一部にはあります。しかし、どのような理由があれ、どのような場面であれ、体罰は絶対許されるべきではあり

ません。なぜなら、体罰は「身体の自由」の明白な侵害であり、人身の保護に反するだけでなく、生徒の人格を傷つける行為であるからです。1984年の第28回滋賀県同和教育研究大会の記念講演で東大の牧柾名教授は、教師の体罰の特徴として、教師個人の主観的判断で恣意的、感情的に行われること、人格権を傷つける行為であること、力で抑えつけることで人間の内面の変革がはかられるはずがないこと、密室で行われることが多いことなどを指摘されています。

　理性による説得と納得ぬきの暴力的強制に対して、その場で子どもが従ったとしても、それは自発的な反省や内心からの納得を伴うものでなければ、「力」に服従したにすぎないでしょう。そして、「反省させよう」「わからせよう」という教師の意図とは逆に、子どもたちの間に教師に対する不信やうらみをつのらせ、対教師の反抗や校内暴力の要因をつくっていくことにもなります。幼い時から家庭で殴られて育った子どもが暴力をふるうようになりやすいことは教師がよく経験していることです。「力」で屈服させられた子どもは、「力」に依存するようになっていくものです。暴力への依存は、ファシズムを準備するものと言わなければなりません。

　殴る、蹴るなどの直接的な暴行でなくても、廊下に直立させたりして肉体的苦痛を与えるような懲戒も、学校教育法で禁止している体罰に該当することは、戦後の早い時期の行政解釈で明確になっています（昭和23年12月23日、法務省法務調査意見）。また、子どものプライドを傷つけるような「恥ずかしめの罰」についても、同様に考える必要があります。

　法務省人権擁護局が1984年12月の人権週間に発表した「体罰をなくそう　─人権侵犯事件からみた体罰─」というパンフレットの中で挙げられている事例に、「後片付けをしなかった児童に、罰としてパンツをひざまで下ろして授業を受けさせた」「何度も忘れ物をする児童の頬に赤色のフェルトペンで『現金ぶくろ』と書いてそのまま帰宅させた」など

というのがあります。忘れ物をした子どもに、背中にゼッケンをつけさせるというのは、少し前に県内の小学校でもあったことです。

　こうした事例を見聞きする時、教師が子どもたちの人権をいったいどうとらえているのだろうかと思わざるを得ません。教師自身が、毎日の学校生活の中で、一人ひとりの子どもの人権をほんとうに大切にしていないとすれば、子どもたちの間に人権についての正しい意識や自覚が育つはずがありません。

3　子どもの人権を阻害する、瑣末で画一的な校則

　体罰と関連して、子どもたちの人権とのかかわりで、校則のあり方が問われています。生徒たちの「生活のくずれ」や「問題行動」が深刻になるなかで、学校の指導が校則や「生徒心得」を盾にしての管理主義的な方向に傾斜してきたように思われます。

　以前から「子どもの人権」問題にとりくんできた日本弁護士連合会は、1984年10月、秋田市で開催した第28回人権擁護大会シンポジウム第1分科会「学校生活と子どもの人権」の基調報告において、全国各地の公立中学校、高校の校則・生徒心得を収集・分析して、その結果を公表、マスコミも大きく取り上げました。校則や生徒心得は、地域や学校によって千差万別ですが、今日的な問題点として次の諸点が挙げられるように思います。

　第一に、学校教育活動の成立に欠かせない管理的規則と、管理というよりは指導の対象というべきしつけ的注意事項、さらには、道徳的規範などが混在していることです。

　また、先の日弁連の報告書によれば、「校長室、職員室その他特別室に入るときは必ずノックして、『○年○組、氏名、○○先生に用事があってまいりました』ということばをかけてから入ろう」（千葉県・中学校）、「登下校の際は、校門で感謝の気持ちをこめて礼をする（鹿児島・中

学校)とか、「国旗掲揚の時間です。全員仕事をやめ、姿勢を正して国旗に注目して下さい」との「放送の指示に従い、起立、国旗掲揚塔の方向に向って背筋をピンと伸ばす。無言、終ったら軽く礼をする」(千葉県・中学校)とまで生徒手帳で決められていると聞けば、第2次大戦中を思い出し、背筋が寒くなる思いがするのは私だけではないでしょう。

　第二に、多くの学校で、服装や頭髪、持ち物などをはじめとして、実に瑣末なことまで、微に入り細に入り、きわめて詳細に、しかも画一的に規定を設けていることです。スカートの丈やひだの数、さらに制服だけではなく、セーター、トレーナー、マフラー、コート、下着、靴、靴下、ベルト、名札にいたるまで、驚くほど細かく規定されている場合があります。

　日弁連の大会で報告されている香川県のある中学校の例ですが、授業中「発言・発表する時の挙手は、右腕を約70度前方に挙げ、5指をそろえ、手の平を前に向ける」などというのさえあります。いったい、このように定めなければいけない合理的な根拠がどこにあるのでしょうか。

　第三に、校則が、校外生活、家庭生活へ無原則的に拡大していることです。外出時の服装、外出時間の制限、保護者同伴の義務づけ、家庭での生活態度などについての規定を含んでいる場合も多く見られます。これらは、子どもの家庭生活や校外生活における父母の教育権へ干渉するものといわれても仕方がありません。今日、子どもたちの生活のくずれが指摘されるなかで、教師が子どもの家庭生活、校外生活に注意をはらうことは大切です。しかし、それは、子どもたちの自覚や父母への助言、協力をとおしてすすめられるもので、学校が校則でこと細かに規定すべき問題ではないと思います。

　戦後、文部省は、「中学校・高等学校管理の手引」(1950年)のなかで、「学校管理とは、学校や地域社会のすべての人、すなわち校長、教師、

生徒、校舎管理人および地域社会の一般人を含めたすべての人々の協力を包含しているものである」「新しい学校は、生徒が上からあたえられる規律よりも、望ましい社会的行動についての自律的規範をつくり、自分の問題を自主的に解決することができるように訓練することに努力しなければならない」と述べていました。

　先の日弁連人権擁護大会シンポジウム「学校生活における子どもの人権」で採択された「提言」は、「学校・教師は、今ある校則（生徒心得を含む）を見直し、それに対する子どもや父母の発言の機会を最大限に保障して、子どもの自主性と人権を尊重する内容に改める」ことを提起しています。

　今日の子どもたちがさまざまな発達のひずみをかかえ込んでいることは否定できません。しかし、それらは、権力的に、外側から、「あるべき生活」を押しつけることによって克服されるものではないと思います。子どもたち自身が、自分で自分の生活をつくりあげていく、子どもたちのかかえている問題を子どもたち自身に克服させていく、子どもたちがこれではいけない、こうしようとめあてをもって自覚的に取り組んでいかない限り、自分のものにはなりません。時間がかかっても、しんぼう強く子どもの内面に働きかけていく、それが教育というもののいとなみではないかと思うのです。

　滋賀県では、これまで例にあげてきたような極端な状況ではないと思いますが、この機会に、こうした観点に立って、校則や生徒心得の見直しをぜひすすめていきたいものです。

4　生徒の懲戒や指導「措置」、いわゆる「家庭謹慎」などの問題点

　学校の中の子どもの人権とかかわって、かねがね検討を加える必要があると思っている問題に、非行や問題行動を起こした生徒に対する懲戒

処分や指導「処置」のあり方があります。

　懲戒処分については、義務教育である小・中学校とそうでない高等学校とでは、制度上大きな違いがあります。学校教育法施行規則は、教育上必要な配慮をすることを前提に、校長が退学、停学、訓告の懲戒処分を行うことができるとしていますが、小・中学校では、義務教育の建前から退学や停学処分を行うことはもちろんできません。しかし、中学生の「非行」・問題行動が増加する中で、法令にもとづかない「自宅学習」「自宅謹慎」の措置をとる学校が全国的に増えてきました。文部省は、このような法令にもとづかない「自宅学習」は適切ではないという立場を一応とってきました。ところが従来、市町村教育委員会が「性行不良であって他の児童の教育に妨げがある」児童について、保護者に出席停止を命ずることができるとされていた、懲戒処分ではない「出席停止」措置（学校教育法第26条）について、1983年に、その権限を校長に委任できる旨の通知を出しました。「出席停止」措置がとりやすいように条件整備をすすめたもので、やはり、「学校の手に負えない子ども」は登校を遠慮してもらうという「切り捨て」的な発想が根底にあることは否定できません。

　高校の場合には、「非行」・問題行動のあった生徒に対する指導「処置」として、最近は登校させて特別指導を行なう学校も増えてきていますが、全体としては「家庭謹慎」をさせている学校が多いと思います。反社会的な行為をした生徒に対して、一定の懲戒と反省の機会をもたせることは必要ですが、「家庭謹慎」については、今日の状況のもとで、その教育的効果も含めて見直しが求められてきているように思います。もともと、学習に意欲をもっていない生徒には「謹慎」の効果も薄く、生徒を学校から遠ざける結果となります。また、共働き家庭が増え、親が十分子どもを監護できないなかでは、かえって生活がいっそう乱れる結果を招いている場合もあります。「謹慎」期間が長期にわたる場合に

は、欠席日数が増え、学習成績も低下し、進級できなくなって、結局中退することにもなります。

「謹慎」期間中は、学級担任や生徒指導の担当者ができるだけ頻繁に家庭訪問して指導にあたるなどの努力が行われていますが、2週間、3週間と長期にわたる「家庭謹慎」がはたして妥当かどうか、そもそも「家庭謹慎」が本当に適切な教育的処置であるのかどうか、また、学校が登校を停止しておきながら、その期間を「事故欠席」扱いしている場合が多いことなどについて、再検討が必要だと思います。

　学校教育法施行規則は、「性行不良で改善の見込がないと認められる者」や「学校の秩序を乱し、その他、学生又は生徒としての本分に反した者」に対して「退学」処分を行うことを認めています。しかし、学校教育法にもとづく懲戒処分としての「退学」処分が行われることはほとんどありません。たいていの場合、学校側が退学を勧奨し、その結果生徒の方から「自主退学」する形式をとっています。正規の「退学」処分をすれば本人の将来に傷がつくから「教育的配慮」をしているのだという説明がなされますが、私は疑問をもっています。法規にもとづく正規の処分でないこともあって、安易に退学勧奨が行われている向きがないとはいえません。また、どの程度の状況で退学を勧奨するかについて学校によって相当開きがあることもたしかです。退学を勧奨するかどうかについては、職員会議で慎重に審議するのが普通ですが、学級担任や生徒指導担当者の意向だけで「退学勧奨」が行われ、表面的には「自主退学」として処理される場合がないとはいえません。

　いずれにしても、「退学勧奨」が生徒や親には「退学処分」と受けとめられており、実質的に「退学処分」と変わらない効果を果しています。そうである以上、その基準や決定にいたる手続きが明確にされること、また生徒本人や親の弁明や異議申し立ての機会も保障される必要があると思います。

5　教育の場でこそ、子どもの人権の保障を

　学校教育と子どもの人権にかかわって、いじめに関連しての教師の人権感覚、体罰、校則、家庭謹慎や退学勧奨などの問題を見てきました。

　戦後、民主教育の確立をめざす取り組みのなかで、国家に教育権があった戦前の軍国主義教育に対する反省として、教育の自由と国民の教育権——父母の信託を受けた教職員の教育権についての自覚は高まってきました。勤務評定や学力テスト反対のたたかい、教科書検定の強化反対や教育課程の自主編成の取り組みなどは、いずれもそうした教育の自由、教育権の確立の取り組みとして位置づけることができるでしょう。臨時教育審議会を中心に、"戦後教育の総決算"がすすめられようとしている今日、教育の自由、国民の教育権を守りぬくことはいっそう大切になってきています。

　しかし、そうした教育の自由や教職員の権利の問題と対比して、教育の場における子どもたちの人権の確立や保障については、取り組みは大変たち遅れてきたように思うのです。

　教育の場における子どもの人権の一つの中心的な内容をなすものは、教育を受ける権利——学習する権利、人間的に成長・発達する権利です。子どもたちに固有のこの権利を否定する教師はいないと思います。そして、同和教育運動は、子どもたちのこうした権利を内実のあるものにするために一定の役割を果たしてきました。

　問題は、子どもたちの人権の今一つの側面——子どももまた一個の人間として、大人と同じように憲法で保障されている基本的人権の主体であることが、教育の場でどれだけ自覚的にとらえられているか、ということにあるように思います。当然のことながら、子どもたちにも憲法上の一般人権——人身の自由、思想の自由、言論・表現の自由、プライバシーの権利、各誉権などが保障されなければなりません。しかし、大変

残念なことに、日本の教育界においては、このことの理解や自覚が今日にいたるまで、きわめて不十分であったと言わなければなりません。今日、労働者の人権が侵され、「職場に憲法がない」事態が大きな問題になっていますが、「校門を入れば憲法はない」という状態——「教育的配慮」から、すなわち教育活動の遂行という目的のためには、未成熟な子どもたちの一般人権が制約されることもやむを得ないという考え方が広くあるように思います。体罰の問題、瑣末で画一的な校則の問題などの根っ子は、結局、こうした考え方の問題に帰着するのではないでしょうか。

　学校内での生徒の言論や表現の自由が争点となったある事件に対するアメリカ連邦最高裁判所の判決は、「生徒あるいは教員が、言論ないし表現の自由に対する自己の憲法上の権利を校門の前で捨てる、というようなことはまずありえないことである」と述べています。問題は、教師だけではなく、日本人の人権意識そのものの底の浅さ、日本の社会そのものの人権確立の不十分さにつらなっているともいえるでしょう。

　今年は、児童憲章が制定されて35周年にあたります。その児童憲章の前文にはこう書かれています。

　児童は、人として尊ばれる。
　児童は、社会の一員として重んぜられる。
　児童は、よい環境のなかで育てられる。

　今日、学校教育のなかで、子どもたちがほんとうに「人として尊ばれている」かどうか、今一度まわりを見直してみたいと思うのです。

②　今、問われているのは何か
──校門圧死事件に思う

（初出：滋賀県民主教育研究所通信『手をつなぐ』1990年9月号）

　校門圧死事件──1990年7月6日、兵庫県内の高校で起きた。遅刻防止のため、始業時刻と同時に鉄製の門扉を閉めたところ、駆け込んできた女生徒が頭骸骨粉砕骨折で命を失った事件。

　生命をはぐくむべき学校の校門で、教師の行為によって、何の罪もない15歳の尊い命が奪われた。「校門は8時30分の予鈴の鳴り始めで閉じて、指導する」との学校の生徒指導のマニュアル通りに、登校する生徒たちが列をなして通用門を通っているさなか、カウントダウンまでして、重さ230kgの鉄製門扉を勢いよく閉めたH教諭。ヘルメットも割れるほどの衝撃力（県警調べ）を受けて、頭骸骨粉砕骨折でR子さんは亡くなった。そして、学期末考査初日のその日、テストは何事もなかったかのように実施された。

　学校安全研究校や生徒指導のモデル校にも指定されていた新設高校。がんじがらめに細かな校則が決められ、生徒たちが自由に選べる所持品は、雨の日の傘ぐらいだったという。今年度の生徒指導の重点目標の第一は「遅刻の絶滅」であった。事件後の全校集会で、校長は「もう10分早く起きていれば、事故は防げた」と話し、生徒・父母の怒りをかった。

　事件後のさまざまな報道に接するにつれ、事件は「不幸にして起きた偶発的なもの」ではなく、「起こるべくして起きた」と言わざるを得ない感を強くしている。

　R子さんを殺したのは、「管理主義教育」という名の門扉だったのではないか。問われるべきは、今日の学校教育のありようそのものだったといえよう。

　管理主義教育は、子どもたちを外側から枠にはめこもうとする。すると、教師の目は外観ばかりに集中し、一人ひとりの子どもが見えなくなってしまう。

　遅刻はよいことではない。しかし、遅刻した生徒一人ひとりに、理由や事情、また、かかえている課題があったはずだ。朝に弱い「ふくろう型」の生活の子ども、親が朝早くから仕事に出かけて、妹や弟の面倒を見てから登校しなければならない子、いじめや成績不振で、重い足をひきずりながらやってくる子。R子さんのように、友だちと待ち合わせをしていて、たまたま遅くなった子……。一人ひとりをよく見て、その子に応じた指導をすることがどうしてできなかったのか。

　子どもたちを単に教育の対象、管理の対象と見るのか。それとも、子どもたち一人ひとりが自らの力で成長し発達していく、それを助け、援助するのが、教育だととらえるのか。そのことこそが、今、問われているのではないか。

　子どもたちこそが主人公だといえる学校をどうつくっていくのか——R子さんの死がわれわれに問いかけているものは何か。今、教育にかかわるすべてのものが真摯に受けとめ、考えなければならないと思うのである。

③　大河内清輝君の「いじめ自殺事件」を
　　どう受けとめればよいか

（初出：滋賀県民主教育研究所「いじめ問題緊急シンポ」問題提起、1995 年 1 月 8 日）

1　「いじめ」の実態について

1)　本人の遺書から

- 小学校 6 年生ぐらいから少しいじめられはじめて、中 1 になったらハードになり、お金をとられるようになった。中 2 になったら、もっとはげしくなった。

- 多いときには 6 万円、少ないときで 3 〜 4 万円。今日も 4 万円要求された。

- とられるお金のたんいが一けた多いと思います。これが僕にとって、とてもつらいものでした。

- 「原因」（「きっかけ」といった方がよいだろう）は、家に遊びに来て、いろんなとこをいじって、お金の場所を見つけると、とっていた。（祖母がそれに気づいて、遊びに来ないようにいったので、家で）遊べなくなったので、とってこいってこうなった。

- 何でやつらのいいなりになったか、それは、川のできごとがきっかけ。

- 川につれていかれて、いきなり顔をドボン。とても苦しかったので、手をギュッとひねって、助け（てくれと声）をあげたら、またドボン。水深 5 メートルもある矢作川で、おぼれさせられ、泳いで逃げたら、足をつかまれて、ドボン。とても恐怖を感じて、それ以来、残念でしたが、いいなりになりました。

- 授業中、（わかっていても）手をあげるなといわれた。

- いつもいつも使いぱしりもさせられていた。今では「パシリ 1 号」

と呼ばれています。どれだけ使い走りにさせられたかわかりますか。

・恥ずかしくてできないことをやらされた（女子トイレに無理やりに入らされたなど）。

・強せい的に髪をそめさせられたことも。etc.

2）　その後の報道から

・いじめグループ4人の中心人物は、グループのなかで「社長」と呼ばれていた。小学校時代から近所の子どもをいじめていたという。

・清輝君は、いじめグループの命令するままに、自分の月2,000円の小遣いや貯金を差し出したり、祖母から無心したり、大事なファミコンソフトやマンガも売ってお金に替えていた。それでも足りず、やむを得ず両親の財布からお金を抜き取っていた。良心の呵責から、手書きの借用書に、お金を盗むたびに消しゴムで消しては、数字を書き加えていた。その額は114万円余りに膨れあがっていた。

・自殺する直前に、グループは「強盗してでも1億円もって来い」と脅していた。

・剣道部の朝練のあと、体育館のマットの上で、プロレスごっこと称していじめられていた。

・腕に煙草の火を押しつけられた、自転車を盗まされた。etc.

・清輝君の自殺がわかったあと、グループは「いじめのことは黙っていよう」と申し合せをしていた。

・清輝君が自殺して、遺書が見つかり、いじめの事実が明らかになって、自宅へ謝罪にいったとき、清輝君の祖父に「やってるときどう思ったのか」と聞かれ、「楽しかった」と答えたという。

2　学校の対応について

・2学期に入って、清輝君がズボンを隠され、パンツ姿で体育館を

うろうろしているのを教師が目撃している。

・9月中旬、清輝君は、何かを訴えたかったのか、保健室に行き、何か言いたそうにしていた。養護教諭は、何をどう判断したのか、病院にカウンセリングを受けにいくよう、担任を通じて両親に勧めた。

・9月下旬、いじめグループの一員が盗難自転車に乗っているのを警官に見つかり補導された。その生徒は、「清輝君が盗った」と罪をなすりつけ、清輝君は父親と一緒に警察に呼ばれた。さすがに、そのときに清輝君は「盗らされたのだ」と主張した。その後、そのことで、父親が学校を訪問し、経過を報告している。

・学校は、清輝君を問題グループの一員だと見なし、担任は、清輝君に対して、「グループから抜けるよう」説得していた。グループといつも一緒に行動しており、グループの一員だという先入観があって、いじめを見抜けなかったという。

・清輝君の自殺が判明した11月28日に緊急に開かれた全校集会で、校長は「現時点では死亡の原因がはっきりしていないので、流言しないで慎んでいこう」と、口止めとも受けとれる発言をした。

・同日朝、学校から市教委へ、「自殺の疑いがあるが、遺書もないし、心あたりもない」として、「突然死」として報告していた。

・東部中学校には、「いじめ・登校拒否対策委員会」があったが、学校側の「報告書」には、その委員会で清輝君の問題について論議された経過はまったくふれられていない。

・事件が大きく報道され、社会問題となったあとの非公開の学年集会（?）での教師の発言が、会場の外から集音マイクで録音されて放送されていたが、すさまじい怒声で生徒を叱りとばしていた感じであった。

・事件後のPTA総会で、一人の教師から、「（いじめの）解決策として

は、こわい生徒指導の先生がいればよい」との発言があったという。

・12月12日朝の全校集会で、学校は生徒たちに「気持ちを切り替え
て、中学生の本分を全うしよう」と呼びかけた。3年の女子生徒
は「先生は入試も近いこともあって、そう言うのかも知れないが、
おかしい。同じ学校の仲間が、いじめで自殺したのです。そんなに
簡単に忘れていいのですか。大河内君が訴えたかったことを私たち
一人ひとりが考えることが大切だと思う」と語っている。

3 事件の背景にかかわって

・東部中学校では、テストの成績優秀者は、みんなの前で表彰され
る。個人面談会にいくと、先生は成績のことばかり言われ、しゃべ
る気がしない。(父母の声)

・部活も勝つことが至上命令となっている。

・愛知県は、文部省の「高校入試制度の多様化・多元化」政策を先取
りする形で、1989年以来、「複合選抜制」を導入、200校余りの公
立高校普通科が、尾張・三河の二つの大学区に分けられ、内申書を
重視した推薦入試の比重が大きく、一般入試も「複数受験」できる
が、結果的には受験競争がいっそう激化している。

・子どもも内申書を気にして、「よい子」競争をし、悩みも教師に話
しづらくなっている。偏差値で頭をいっぱいにさせられた子どもた
ちの間に、人間的なつながりが希薄になり、人権感覚が麻痺するの
は当然だともいえる。

・西三河地域は、行政主導の研究発表がものすごく多く、そのために
教師は多忙で、子どもたちに目が行き届かないのではないかという。

・東部中学校も文部省の研究指定校で、教師たちが追い立てられ、生
徒の姿がよく見えるような教師たちの自主的な活動や時間的な余裕
もなかった。同校では、校長が任命する主任たちで構成する校務運

営委員会が学校運営の主導権を握っており、職員会議は実際上は伝
達機関になっていたという。

・東部中学校の「生徒会指導」の目標は、「規律とうるおいのある学
校を築こうとする態度を育てる」と「地域社会への理解を深め、奉
仕の態度を養う」の2点、「自治」や「自立」ということばは出て
こない。

　同校の生徒会会則には「生徒会活動に関するすべての最高決定権
は校長にある」と規定されている。生徒向け冊子「東中生の学校生
活」には、「生徒手帳には書いていない心得」として、服装や髪
型、あいさつのしかた、外出時のきまりなど、36項目もの細かな
「心得」が挙げられている。生徒を管理・監督の対象としてしか見
ない管理主義教育の典型的な姿が見られるようである。

4　事件の問題点と私たちの課題

① たかり、かつあげ、恐喝、暴行、傷害、窃盗、窃盗教唆、器物損壊
……「いじめグループ」のやっていたことは、もはや「いじめ」の
範疇にとどまるものではないだろう。

　（暴力団がやっていることと同じで、重大な犯罪と言わざるを得ない）

② しかし、グループの少年たちには、「罪」の意識がほとんどないよ
うに思われる。

　自分たちのやっていることがどういうことなのかを、彼らはまっ
たく考えなかったのだろうか。

　（人権意識の希薄さ、自己本位性、自己認識と他者認識の弱さ）

　しかし、彼らが、清輝君をいじめること以外に自分たちを集中さ
せるものをもたなかったとしたら、彼らにそうさせたものは何かを
考えなければならない。

③ 清輝君は、自殺するまでに、苦しみを打ち明け、親身に相談に乗っ

てもらう人を、周りに誰一人としてもつことができなかったのだろうか。

　（誰かにいえば、「チクった」としてさらにひどい「仕返し」をされる。「言っても解決してくれない」という教師や大人への不信。一人で耐えることでかろうじて保たれていた自尊心……）

④　清輝君がいじめられていたことは、生徒たちの間ではわかっていたに違いない。周りの生徒たちのなかで、いじめをやめさせようと思ったり、努力したりする生徒はいなかったのだろうか。

　（同級生のなかで、担任の教師に、「清輝君がいじめられている。なんとかしてほしい」と訴えた生徒はいたが、十分とりあげてもらえなかったという）

⑤　担任は小学校から転任してきた若い先生。まじめに教育活動にとりくみ、クラス経営や清輝君の指導についてもいろいろと悩み、大学時代の恩師に度々相談に行っていたという。

　しかし、同僚に相談したり、学年団や生徒指導担当の教師が相談に乗ったり、集団でとりくんだ経過はなかったといわれる。

　教科で入っている教師や同学年の教師たちも含めて、清輝君の発していたSOSに気づいていた教師は一人もいなかったのだろうか。

　（管理・統制の厳しい職場のなかで、教師たちの子どもを見る目が曇らされていたのではないか。また、教師たちが、それぞれの領分だけを守ろうとして、子どもたちのために、力を合せてとりくむ姿勢が欠けていたのではないか）

⑥　いじめグループの生徒の親のなかで、子どもの生活の変化に気づいた人は誰一人いなかったのだろうか。

　また、清輝君の両親の場合も、子どもがあれだけ多額の現金を持ち出していることに気がつかなかったのか。気づいていたのに深刻に受けとめなかったのだろうか。

　　（親たちが仕事や生活に追い回されて、家族同士の人間的なつながりや
　　交わりが希薄になってきている）

⑦　たしかに、学校や教師の対応には大変問題があったが、それにして
　　も、マスコミのとり上げ方──「学校たたき」「教師たたき」は、
　　異常なものがあるといわなければならない。

　　（それは、「いじめ蔓延の真の元凶」を覆い隠す役割を果たしている点
　　で重大）

⑧　「いじめ蔓延の真の元凶」とは、いったい何だろうか。

　ア．基本的には、歴代政府が、「個人の尊厳を重んじ、真理と平和を
　　　希求する人間の育成を期する」（教育基本法前文）という、戦後民
　　　主教育の基本理念を踏みにじる文教政策を一貫して推し進めてき
　　　たこと。

　イ．具体的には、少数のエリートと大多数の低賃金労働者をより分け
　　　て育成するという財界の要求に沿って、差別・選別の教育がすす
　　　められてきたこと。学習指導要領の改定ごとに「詰め込み」が強
　　　化され、受験競争の激化のもとで、「他人を蹴落として1点でも
　　　多く取ること」が重視され、人間が偏差値や点数で評価される風
　　　潮が生み出されてきたこと。

　ウ．さらに、子どもをもっぱら管理・監督の対象とみなす管理主義教
　　　育がおしすすめられ、非人間的な校則を子どもたちに押しつけ、
　　　一人ひとりの子どもたちの自由で個性的な人間としての成長・発
　　　達を疎外してきたこと。

　エ．「勤務評定」の導入、主任制の制度化、人事権をてことした教員
　　　支配、職員会議の「校長の校務運営のための補助機関」化など、
　　　この数十年来、権力側は、さまざまな形で教師に対する上からの
　　　管理・統制を強化してきた。その上、「多忙化」がおしつけられ
　　　てきた。教師が、一人ひとりの子どもと向き合い、人間的なかか

わりをもち、自由で人間的な発達を促すことができなくさせられてきた大きな要因がここにある。

オ．親たちは、「子どもを人質に取られている」との思いから、学校や教師に、本当の願いや要求がなかなか出せない。そうしたなかで、今日の学校は、父母や地域社会から隔絶した「閉鎖社会」となってしまっているのではないか。

⑨　以上のように、問題点を押さえるならば、私たちの課題は、

ア．「子どもを主人公にした、子どもたち一人ひとりの人間的な成長・発達を保障する、地域に開かれた学校」を、父母と教師が力をあわせて、どうつくっていくのか、そのために、教育政策や教育行政の根本的な転換をどうはかっていくのか、という大きな展望と課題を見据えた粘り強いとりくみをすすめながら、

イ．いじめをなくすために、今日から何をするのか、今、目の前にいる子どもたちに、どうかかわっていくのか

という具体的な実践に足を踏み出すことではないだろうか。

そうした方向へ向けて、教師として、父母として、一市民として、何ができるか、何をこそしなければならないかを、今日はみんなで一緒に考えていきたい。

4 少年をそこまで追いやったものは何か
——みんなで考えよう　神戸・小学生殺害事件

（初出：滋賀県民主教育研究所通信『手をつなぐ』1997年7月号）

　神戸市須磨区で起きた土師 淳 君殺害事件は、遺体をノコギリで切断して頭部を中学校の校門前に晒すという残忍さと、その際付せられ、その後神戸新聞社に送られてきた「酒鬼薔薇聖斗」名の朱書の「挑戦状」などで、日本全国に衝撃を与え、地域社会を恐怖のうずにまきこんできた。

　1ヶ月余り経って、さらに衝撃的なニュースが流れた。淳君とは顔見知りの中学3年の少年が容疑者として逮捕されたのである。

　事実経過や、動機、背景など、まだ不明の点も多い。そうしたなかで、軽々に論評すべき問題ではない。

　とはいえ、学校教育に関わるものとして、大変な宿題を突き付けられた思いがしてならない。

　14歳の少年に、あそこまで残虐な行為を犯させたもの、そこまで追いやったものは、何だったのか。それらの背景に何があったのか。そこにある教育上の課題は何なのか。

　事実関係が明らかになった時点で、集団討議を行ない、みんなで真剣に考えていくべき問題だと思う。そうしてこそ、淳君の霊もいささかなりとも安らぐことができるだろう。

　この際、そうした集団的なとりくみを呼びかけるとともに、その端緒になればと思い、とりあえずの感想を記しておくこととしたい。

　容疑者の少年は、アメリカで起きた連続殺人「ゾディアック」事件に関する本を読みあさり、「ホラービデオ」のマニアだったいう。学校に

行かなくなり、一人閉じこもって残虐な世界に浸るなかで、バーチャル・リアリティ（仮想現実）と現実世界との境を見失ったのだろうか。「普通の少年」が、ここまで残虐な犯罪を犯したところに、今日の社会のゆがみや、子どもたちをとりまく商業主義的「文化」の影響の大きさを思わざるを得ない。

　少年は3人兄弟の長男、仲がよく、裏庭には卓球台があり、家族そろって卓球を楽しんでいた、ごく普通の家庭だったという。しかし、あそこまで、学校や社会に対する敵意を燃やし、動物虐待の行動も繰り返していた少年の心の荒（すさ）びように、おそらくは家族の誰もが気づかなかったのであろう。今日の子どもたちの心の揺れをとらえることの難しさを痛感させられる。

　少年は、「挑戦状」で、「ボクを造り出した義務教育と、義務教育を生み出した社会への復讐」を宣言し、自らが通学していた中学校の校門にわざわざ淳君の頭部を晒した。そこには、受験競争や管理教育のもとでのうっ積した「怨念」が読み取れる。
　一部の報道によれば、少年はこの4月、校内で暴力を振るって同級生にけがをさせた。その際、教師に厳しく叱られ、「おまえのような者は、卒業式まで学校に来るな」と言われ、体罰も加えられたという（朝日新聞1997年7月1日付）。もしこれが事実だとすれば、教師の体罰や学校の生徒指導のあり方が、少年をあそこまで追いやった一つの大きな要因だったということになろう。
　いま、中学校の現場は、「進学指導」や「荒れる」子どもたちの生活指導など、さまざまな困難を抱えている。当該中学校の教師たちの苦悩も察するに余りある。しかし、そうしたなかであっても、これだけの大事件である。少年を教師たちはどう見ていたのか。体罰の真相はどうで

あったのか。少年がその事件を契機に登校しなくなったあと、教師たち
は少年とどう関わり、どう指導してきたかなどについて、この際、学校
は事実関係をはっきりさせ、事件に対する学校の見解を明らかにするべ
きであろう。

　子どもたちの苦悩や学校現場がかかえる諸困難をもたらした教育行政
の責任を棚に上げ、「心の教育」の強化を叫んだり、事件を「少年法改
悪」の突破口にしようとする動きは論外である。

神戸の事件を通して思うこと

　（初出：滋賀県民主教育研究所「1997年度研究集会報告」資料、1997年10月30日）

　さる10月2日、神戸市須磨区の小学生連続殺人事件の容疑者とし
て、神戸少年鑑別所に鑑定留置となっていた少年の精神鑑定が終了し、
鑑定意見書が家裁に提出された。鑑定は、少年が「いじめや動物虐待な
どの行為を繰り返す重度の行為障害」と認定したと報道されている。
　1995年が「阪神・淡路大震災とオウム事件」の年だったとすれば、
1997年は「神戸小学生殺害事件」の年として長く記憶されるに違いな
い。それほど日本中に衝撃を与えた事件だった。

　事件をめぐっては、多くの論者がマスコミに登場し、さまざまな論評
が加えられた。そのなかには、うなずけるものも多くあったが、それに
も増して私の心を打ったのは、中学生たちが事件をめぐって寄せた意見
だった。
　中学3年の女生徒が書いていた。「学校では、もっと、自分でなくな
ることを求められる。教室にいるのは自分のダミーだと感じる。体罰と
内申を脅しの武器のように持つ教師の前で、サーカスの動物かロボット

のようにふるまうしかありません」。同じく別の中 3 女子生徒、「内申
があるから先生にこびを売り、好きでもないボランティアや部活をがん
ばっている。学校では本当の自分を見せられない」（朝日新聞1997年 8 月
1 日付）。

　子どもたちは、日常の生活や学校で、ありのままの自分を出せない息
苦しさ、生きにくさを感じている。

　ここには、厳しい受験競争と管理主義教育のもとで、子どもたちが抑
圧され、不安や悩み、やり場のないストレスを抱えこんでいる実態が告
発されている。このことが、いじめなど子どもたちのさまざまな問題行
動の要因となっていることは間違いない。

　少年の精神鑑定の結果は、少年の「心のゆがみ」が犯行の主たる要因
だったことを明らかにした。

　少年は、新聞社に送った「犯行声明」のなかで、「透明な存在である
ボクを造り出した義務教育と、義務教育を生み出した社会への復讐も忘
れていない」と述べていた。それは捜査を攪乱させるために意図的に書
いたものとみられている。

　しかし、そのことから、今回の事件の背後にある学校教育の問題点や
子どもたちをとりまく問題状況が看過されてはならないだろう。

　低学年からの通塾やスポーツ少年団、部活などに追われ、今日の子ど
もたちは、遊ぶ時間や空間、仲間との交流もできない、“三つの間抜け”
といわれるように、多様な人たちとの人間的な交わりを通して、人間的
に成長していく機会を十分に保障されていない。人間同士の関係の希薄
化だけでなく、人間と自然や事物との関係もまた希薄化してきている。
その結果、バーチャル・リアリティと現実世界との境を見失うような事
態が生ずるのであろうか。

　子どもたちが、他人との人間的な交わりのなかで自分の存在の意味を

実感し、そうした体験の積み重ねを通して、自他の人間性を尊ぶ心情を年齢相応に獲得していくことができにくくなってきているのである。

　私には、今回の事件のなかに、今日の社会のゆがみや学校や家庭の問題状況が凝縮されて存在しているように思えてならない。少年の特異な性格や人格的障害という個別性のなかに、今日の少年たちがかかえている普遍的問題状況を洞察する視点が求められる。

5 長崎・佐世保市、小学生殺害事件について

（初出：立命館大学びわこ草津キャンパス『現代の子どもと教師』講義テキスト）

1 事件の概要

2004年6月1日午後12時20分ころ、長崎県佐世保市立大久保小学校（児童数187人）で事件は起きた。

6年生女児（12歳）が、午前中の授業が終わった後、仲良しだった同級生の女児（11歳）に、教室と同じ3階の学習ルーム（少人数指導や教材保管などに使う多目的室で、児童も自由に出入りできた）に呼び出され、カッターナイフで切りつけられて、殺害された。「カーテンを閉めよう」と二人で閉め、椅子に座らせて、タオルで目隠しをしようとしたが断られ、後ろから手で目隠しをして、カッターナイフで頸動脈を切りつけた。手で抵抗されたので、手も数箇所切りつけた。その場に15分くらいいて、顔を蹴ったり殴ったりして、死んだかどうかを確かめた。

給食時間の12時35分頃、教室に二人がいないことに担任が気づいた。間もなく女児が服に返り血を浴び、動揺した様子で教室に戻ってきた。担任が学習ルームに駆けつけると、被害者が首や手の甲を切られ、血を流して倒れていた。頸椎に達する深さ10cmの傷で、現場は血の海だったという。

2 事件の背景と事件までの経過

① 大久保小学校は、佐世保市中心部から1kmほど離れた、市内を見下ろす丘の中腹にあり、周囲は静かな住宅街。学年1クラス。6年生は38人。5年生の時、クラスが「荒れ」て、6年になって担任が交代した。担任は35歳の男性。

② 女児の家は、学校からそうとう離れた山間部の農村地帯にある。父母と祖母、姉の5人家族。父親が数年前に脳梗塞で倒れ、リハビリ

生活を続け、現在は車の運転ができる程度に回復。母親はスーパーに勤める。

「成績もよく、しっかり者で、頑張り屋ですが、内気でノーと言えない子」「別に何もなかったのに、信じられない」（児童相談所で親が語った言葉）。「まじめで親の前では何も言わない子。いい子のふりをしていた」（関係者の言葉）。

（内気で親にノーと言えない親子関係、強く忙しい母、立場の弱い父、ものも言えない女児／滋賀大学・倉本氏）

③ 被害者は4年生の時、父親の転勤によって同校に転入した（母親は5年間の闘病生活の後、3年生の時に死亡）。転校後、ミニバスケットクラブに入部。同じ頃、女児も入部。趣味が一致（イラストやマンガを描くこと）していて、急速に親しくなり、交換日記を交したり、ホームページのチャットで頻繁にやりとりするようになった。4月の学級の集合写真でも並んで写っていた。父を助け、スポーツ、勉強もよくでき、クラブやクラスのリーダーで人気者だった。

（女児は、そんな被害者に一方で憧れ、依存しながら、他方では嫉妬を感じていたのではないか）

④ 女児は、母親から「勉強にさしさわる」というので、5年生の2月、楽しみにしていたミニバスケットクラブをやめさせられた（母親は娘を中高一貫校に進学させようと思っていたらしい）。その頃から、女児は学級内でもちょっとしたことでよくキレるようになり、級友から「怒ると怖い」と思われ、学級内で孤立していったと思われる。また、授業中にマンガを描き、ほおづえをつくなど、以前には見られない姿で、はた目にも女児の変化は明らかだったという。気に障った男子を追いかけ、足蹴りするなど、暴力行為も目立った。事件の1週間ほど前には、休み時間に女児が本を読んでいるところをのぞき込んだ男子にカッターナイフを振りあげた。

女児が自分のホームページに書き込んだクラスについての批評

うぜークラス

つーか私のいるクラスうざってー

エロい事考えてご飯に鼻血垂らすわ

下品な愚民や

失礼でマナー守ってない奴や

喧嘩売ってきて買ったら「ごめん」とか言って謝るヘタレや

高慢でジコマンなデブスや

カマトト女しったか男

ごく一部は良いコなんだけど大半が汚れすぎ

寝言言ってんのか？って感じ。顔洗えよ

　（これは、「2011年11月26日」という架空の日付になっているが、東海女子大・長谷川教授は「事件前日の５月31日に書かれたものでは」と推測している）

⑤　女児と被害者は、５年生の３学期頃から仲がこじれてきたようだった。ふざけあいをしていて、女児が被害者におぶさった時、「重い」と言われて傷ついたこと、ホームページに「ぶりっこ」「いい子ぶっている」と書かれて腹が立ち、「やめてほしい」という意思を書き込みで伝えたのにやめなかったので、殺意を抱くにいたったと、本人は事件後語っている。事件の４日前から、「どうやって殺そうか」と計画を練ったという。

　　事件２日前の運動会のとき、二人がけんかをしていた。事件当日にも二人が交換日記をやめる、やめないについて口論していた。

⑥　女児は、かねてから、中学３年生が殺しあい、最後の一人だけが助かるという小説・映画『バトル・ロワイアル』に興味を持ち、５年生の２月、同級生との交換日記に「もし、あなたの学級がバト

ル・ロワイアルのプログラムに選ばれたとします。殺しますか？」
と質問。「友だちとの殺しあい？ いや、それなら人を集めて逃げ出
す方法を考える」「グレイト。私は人を殺す。それだけさ」など9
例をあげていた。5年の時の文集でも『バトル・ロワイアル』を好
きな本にあげていた。

　事件の1ヶ月前には、市内のレンタル・ビデオ店で「バトル・ロ
ワイアルⅡ」を姉名義の会員カードで借りていた。5月5日に
は、ホームページに「BATTLE ROYALE— 囁き」との小説を掲
載。映画の原作をほぼなぞった内容だが、生徒数は大久保小のクラ
スと同じ男18人、女20人に設定。そこには被害者も登場している
（名前は彼女のハンドルネームを使っていた）。

　前日の5月4日には、自分のホームページに「紫ドクロの呪い」
などと魔術に関する書き込みをしていた。魔術に関する書き込みは
計4本。「紫ドクロの呪い」では「もし汝のことを笑いものにした
愚かなる敵を笑いものにしたいと望むなら、汝が望むとおりに敵を
操ることのできる恐怖の紫ドクロの呪術を行うがよい」などと記さ
れていた。女児が参考にしたのは、世界に伝わる魔術を紹介する
『悪魔の呪法全書』（二見書房）など2冊とみられる。

　さらに、5月中旬には、登場人物が後ろから切られて死亡する
物語が掲載された「赤い部屋」にリンク、女児の掲示板には、「『赤
い部屋』を見ました。面白かったです」と第三者の感想が書き込ま
れていた。

　女児は県警での調査に対し事件の「4日前に殺害を決意した。
どうやって殺そうかと、いくつかの方法を考えた」と語っている
が、この「赤い部屋」の方法を参考にした可能性が高い。

⑦ 女児の異常さに周りの子どもたちが気づいていたことは先に述べ
た。しかし、5年生の担任は「男子をこづく場面は見たが、それほ

ど激しい感じではなかったので、冗談の範囲」と受けとめたという。また、6年の担任は、「友人と遊んでいるときは明るいが、一人のときは暗い表情で二面性を感じていた」と述べている。

　おそらく、女児は1ヶ月近くにわたって、一人で暗い闇のなかで妄想を肥大化させていったのではないだろうか。教師たちが、彼女の心の闇に気づくことはできなかったのだろうか。

3　事件はなぜ起きたのか、事件から何を学ぶべきか
——各界の人たちの見解を通して考える

　女児は、チャットの書き込みでトラブルがあり、被害者を恨んだというが、なぜそれだけで殺意を抱くにいたったのか。また、殺意を抱いたからといって、どうして実行行為にまで及んだのか。あれだけ計画的に残忍な方法で親友を殺害できたのはなぜだろうか。われわれの常識では不可解なことがあまりにも多い。事件の背景や要因は、おそらくさまざまなものが重なった複合的なものと見なければならないだろう。

　事件はなぜ起きたのか、また、事件から何を学べばよいか。各界の人たちの見解を参考にしながら、一緒に考えていきたい。

1）　今日の子どもたちの人間関係の希薄さ

○　80年代以降、子どもたちは幼いころから他者との摩擦を恐れ、対人関係を軽い情報の交換など表層的なものにしてきました。場面、場面で相手に合わせて自分を装い、「いい子」になる。そのために自分が感じたことを伝えたり、それに対して相手の人から「自分の考えは違う」といわれ、認識を深めていくことができないのです。
　摩擦を回避して同調的に生きているため、不快に感じることがあっても言葉で表現して十分に対話することが少なく、相手が自分と違

う考えや感情を持っていることも理解できません。不快な感覚を持ったまま、自分だけが我慢を重ねていると思い込んでしまえば、いつか「切れる」しかありません。……

本来、子どもが成長する過程では、地域やクラスで、いろいろな子どもとかかわるなかで、統一した人間としての自分の考えや感情を相手に伝え、相手のことも統一した人間として理解することができるようになります。しかし、いまの教育はそうした人間関係を切ってしまい、人間としての全体的なかかわりをさせない方向に進行しています。教師をいじめ、書類づくりに追いやって、子どもたちをちゃんと見ることができなくしています。

（野田正彰、しんぶん赤旗2004年6月29日付）

2）　思春期前期の女子の関係さの難しさ

○　この時期には同性同士の少数のメンバーによる親密な関係が目立つ。とくに高学年の女子児童の場合、行動面よりも心理的つながりがいっそう重く作用し、それだけにその不安定さも危機にまで発展しやすいと言える。……この時期の「親密な」つながりが、実はお互いにメンバーのまなざしに合わせる関係性の気遣いによって保たれる点に特徴があるということである。その関係性への位置づき自体が、自分の存在価値を左右しかねない。

（折出健二、『あいち民研』第82号、2004年8月28日付）

○　事件を考えるとき、思春期の不安定さも押さえておきたい点です。少女がそのただ中にいた思春期は「第2の自分」が登場する時期です。自分を相対化し、親や教師から自立しようと、もがきます。しかし、まだその力が十分でないために、友だちに依存し、友だちがとても大事な存在になります。

この時期、子どもは自分の二重人格性を意識しはじめます。攻撃性

の強いどろどろした内面に気づき、自己嫌悪に陥り、苦悩します。
そこで文学や芸術にのめりこんで思索したり、スポーツで発散した
り、友だちと語りあったりぶつかったりしながら、葛藤を繰り返
し、影の自分を克服していくのです。……しかし、インターネット
の中で、影の自分が主役になれるとしたらどうでしょう？　本来、
心の中で克服すべき影の自分が、ネット上の仮想現実の中で大活躍
してしまったら？　子どもは二つの人格に引き裂かれたまま、成長
できないのではないでしょうか。

（尾木直樹、しんぶん赤旗日曜版2004年7月4日付）

3）　親子関係の問題点

○　「その子は家の中でよく泣いていた。父親がいると緊張し、いなく
なると笑顔を見せた」。周囲には「教育熱心な親」と映った。「夕方
5時までに帰らないと、1分でも遅れたらお父さんにたたかれ
る」。女児は周囲にもらした。関係者は女児の印象を「まじめで親
の前では何も言わない子。いい子のふりをしていた」と証言する。
だが、同級生は女児の変化に気づいていた。「5年生に上がる前か
ら暗くて怖いイメージが強くなって、存在感も薄くなった」。さら
なる転機は今年2月、ミニバスケットボールを辞めたころ。女児
は「辞めたくないのに、お母さんに辞めさせられた」「お父さんが
怖い」と口にした。

（長崎新聞2004年7月1日付特集記事「破たんした『いい子』」）

○　子どもたちは、「頑張ってるあなたは好きだけれど、頑張らないあ
なたは嫌い」と条件付きで愛され、ほめられてきたんです。だから
頑張りきれなかったり、うまくやれない自分はイヤ。できない自分
を責めて、それがきつくなったら、リストカットしたり、身近なと
ころに攻撃性が転化する。　（倉本頼一、滋賀民報2004年7月18日付）

○　加害児童が犯行に及んだ最大の原因は、受けとめてくれる人がいな
かったことだろう。

……ゆがんだ攻撃性や感覚を持った子どもは、加害児に限られたも
のではない。病的なものを抱えていたとしても、多くの子どもは成
長段階で、うまく社会に適応できるようになる。足りなかったのは
「愛されているという実感」ではないか。金銭や環境に恵まれてい
ても、愛がなければ、すくすくとは育たない。「守られている感覚」
がもう少しあったなら、と感じた。

(碓井真史、日本教育新聞2004年6月18日付)

4)　命に対する人間的感覚の希薄さ

○　ある論者は、女児Aが殺害計画を立てて、しかも、首の深さが10セ
ンチにも及んだことから、女児Aは怜美さんに深い恨みの感情・憎
悪感を持っていたのではないかと解説する。私は、一見残虐に見え
る怜美さん殺害は、深い憎悪感や絶望感によるものというよりは、
むしろ、命に対する人間的無感覚さの結果であり、その犯行はゲー
ム感覚で実行されたのではないかと考えている。この人間的無感覚
さとゲーム感覚は、90年代の連続いじめ自殺事件のなかで顕著に見
られ、その後連続した少年事件の中に広がっていた。深い憎悪や絶
望感もないままに、つまり人間的感覚が希薄なところで、希薄だか
らこそ、行為だけは極めて残虐に殺人に向かえるということが今日
の問題(病理)なのである。

(村山士郎、しんぶん赤旗2004年7月6日付)

5)　子どもの残虐性

○　今回の事件の衝撃が大きいのは、「6年生はまだ子どもであり、残
虐な犯罪とは無縁の存在である」という大人の常識が真っ向から否

定されたことにある。だが、こうした郷愁に満ちた大人の常識に反
し、現実の子どもはそもそも残虐性を備えた存在である。生命を慈
しむ概念は、他者との基本的な信頼関係や感情交流という実体験に
よって、後天的に身に付くものと考えるべきであろう。

加害少女は、同世代の子どもに比べれば、かなり早熟であり、言語
能力や情報処理能力は特に秀でたものがあったと思われる。だから
こそ、さまざまなメディアから、より多くの情報を取り込み、彼女
なりに作りあげた独自の世界の中で、ヒロイックな存在として、年
齢に不均衡なまでに、自己愛を肥大化させたものと思われる。

しかし、人には成長のための固有の時間が必要であり、一面の能力
における早熟性は、かえって別の側面における未熟さを際立たせ
る。現実感覚や行動の結果に対する想像力、他者との情緒的なコ
ミュニケーションや共感する能力は、おそらく未熟なままであったも
のと思われる。こうした肥大化しコントロールを欠いた自己愛は、被
害児童の何げない一言によって傷つけられ、不幸なことに、そこに
芽生えた敵意に、周囲の大人がだれ一人気づかぬまま、ゲーム的感
覚の中で、小児特有の残虐性から、今回の行動に及んだものと思わ
れる。

（植木健、長崎新聞2004年6月16日付特集記事「自己愛、制御する力を」）

6）　暴力的・頽廃的文化の影響

○　小学6年生というのは、自分が友だちにどのように見られている
　かで自分を確かめる年ごろです。息づかいや顔のないインターネッ
　ト・ホームページでは、お互いの確かめ合いができない恐ろしさを
　感じました。いまの子どもたちは、人の殺し方まで映像で見ること
　ができるほど、暴力文化にさらされています。少女は『バトル・ロ
　ワイアル』をまねた小説を書いていますが、自分でストーリーをつ

くり、それを実行したのではないでしょうか。

（横湯園子、しんぶん赤旗日曜版2004年6月13日付）

○　目を覆うほどに暴力や性が描写された映画や書籍が洪水のように子どもたちの目に触れている状況を食い止めなければ、悲劇は繰り返される。

（日本教育新聞2004年6月18日付社説）

7）　ネットリテラシーの必要性

○　事件の加害少女はインターネットにはまりこみ、被害少女ともネット上でチャット（おしゃべり）を行っていました。この事件をきっかけに私たち大人は、インターネットが子どもに及ぼす影響について、真剣に検証する必要があると痛感しています。

インターネットの普及によって、この1、2年の間に子どもたちが激変しています。小・中学校でのトラブルもチャットに起因するものが増えていると、教育現場から報告されています。匿名の悪意ある書き込みに傷つき、不登校の引き金になるケースもあります。また、ネット上にはポルノや出会い系サイト、暴力、犯罪、自殺、薬物、カルトなど、子どもに有害なサイトがあふれています。

文部科学省は、すべての子どもにインターネットを使える力量をつけようと、公立学校のほとんどにパソコンを設置しました。しかし、教えるのは技術先行に偏っています。どんなに車社会が発展しても、私たちは小学生に車を運転させたり、ましてや車を与えたりしません。同様に、どんなにIT（情報技術）社会が進んでも、子どもが勝手にインターネットに接続していいということにはならないのです。子どもに自分のホームページを開かせることは、車を持たせるぐらい危険なことです。

今、必要なことは教師や教育学者、発達心理学者、脳科学者、そして情報産業などの専門家が集まって、インターネットの子どもへの

影響を研究し、使用にあたってのガイドラインを策定することだと
思います。　　　　（尾木直樹、しんぶん赤旗日曜版2004年 7 月 4 日付）

8）　個人の心より、「関係」の問題 —— 心理主義の呪縛からの脱却を

○　子どもの悲惨な事件が起きた。厳密な科学的裏づけはないが、この
種の事件の原因は、大人の生活的・社会的問題と複雑に絡み合って
いる。ところが最近では「心の傷」などの言葉によって、加害者や
被害者らの言葉が注目される。現実問題の解決が心の問題の解消に
すり替えられ、心理主義的手法が特効万能薬として機能している。
しかし、現実は決して個人の心に還元できるものではない。心理主
義的手法への過剰な依存は、学校や社会の病巣を隠し、問題の根本
的解決を誤らせる。　　　　（古田武男、毎日新聞2004年 6 月21日付）

9）　学校教育の側の問題点

○　……学校は何らかの予兆をつかんで、事件を未然に防ぐ手だてはな
かったのだろうか。……相手を死なせるほど切りつけていたとすれ
ば、二人の間には以前から、いさかいなどがあったかもしれない。
切りつけた女子はこれまでに感情を爆発させたことはなかったのだ
ろうか。……教師の目のとどきやすい小さな学校である。学校は十
分目配りをしていたのだろうか。……

（朝日新聞2004年 6 月 2 日付社説）

○　……教育現場に油断はなかったか。知りたいのは、今回の加害女児
の最近の言動に、問題行動をうかがわせる兆候はなかったかどうか
だ。家族はもちろん教師ら周囲の大人が、それを見落としていな
かったかどうか。徹底的な検証が必要である。……

（読売新聞2004年 6 月 2 日付社説）

○　この事件にも近年立て続けに起こる年少者の犯罪と同様、年少者を

苦悩の縁に追い込んでいるコンテクストが感じられてならない。臨床心理学者などが、加害者の人格特性に由来する特殊なケースなどと述べていることに納得しきれないということだ。筆者が問題として感じているのは、子ども社会の中の「座」の序列化が時を追うごとに強まりつつあることだ。それは、「ゆとり教育」が標榜され始めた昭和52（1977）年の学習指導要領改訂以降もいっこうに変わってはいない。内申書重視の入試改革や児童生徒の管理体制を強化する動きの中で、むしろ子どもの「座」の固定化には拍車がかかったように思われる。……しかも、学校教育は従来の奥行きの深さや幅を失いつつあるように思われる。たとえば、30、40年前の学校教育には、のぶき取り行事、学校農場、学校林の用意、寒中水泳等等、地域社会を生かした教育活動が展開されていた。また、教師にしても地域に生きる教師で、子どもの日常生活の中に教師の生活もとけ込んでいるところがあった。しかし、そのいずれもその後の時代の変転の中で、消え失せてしまった。残された学校教育領域は、教室を中心にした子どもの「座」をもっとも秩序付ける傾きのある場に限定されるようになった。

このような、子どもの「座」の固定化、秩序化のなかでもがく子どもの心理はどうしたものだろう。優秀な転校生が己の「座」を脅かし始めたというとき、子どもの心にはどのような事態が生ずるのだろう。このたびの事件の背後に、わが国の学校教育を構造化するコンテクストを読み取るのは深読みのしすぎか。

　　　　　　　　　　　　　　（葉養正明、『教職課程』2004年8月号）

○　6年生を担任しているが、週3回6時間授業で、クラブ活動に70％が参加、帰宅してからは習い事や塾通いで、子どもたちは遊びと自己決定の時間や空間を完全に奪われている。学校では、学級行事でさえ計画できない忙しさのために、自治を育てる時間的余裕が

ない。学習も「学力低下」対策ということで、ドリル・反復練習が行われ、学習が貧困になっている。

また、教師や友だちも信頼できないとして関係を遮断する傾向があるが、「孤立」を嫌ってインターネット・メールで友だちを「実感」し、安心感を得ている。しかし、「心の闇」は子どもたちにはない。あるのは大人と子どものズレではないか。

子どもが事件を起こすと、「発達障害」ととらえたり、「精神鑑定」が必要だとして、特殊化・個別化するが、これでは子どもは救えない。

一方、教師たちもすさまじく追い立てられている。問題を表出している子どもへの対応で精一杯。学級崩壊はどのクラスでも起こり得る状況。起これば、「指導力不足教員」とされかねない。このような中で、子どもの発するヘルプサインをキャッチできないし、サインに応答できない。現状では、教師の喜びと誇りは失われていくばかりである。　　　　　　　　（『あいち民研』第82号、2004年8月28日付）

6　今日のいじめをどうとらえ、どう取り組むか
──大津の中学生いじめ・自死事件をふまえて
（初出：「全国教育研究交流集会 in 奈良・プレ集会」資料、2014年11月15日）

はじめに

　2011年10月、同級生から重篤ないじめを受けていた大津市内の中学2年生が自殺しました。翌2012年7月、執拗ないじめ行為の実態と当該の学校や大津市教委の無責任な対応が明るみに出て、大きな社会問題となりました。私は滋賀県内で教育研究と教育運動に長年携わってきた一人として、やるせない思いで、またやりきれない気持ちで、事態の推移を見守ってきました。改めて、自死せざるを得なかった少年とご遺族の方々に心から哀悼の意を表します。

　2013年1月31日、5ヶ月間かけて精力的に事実関係を調査した第三者委員会の報告書が公表され、事件の全容が明らかになりました。また、滋賀民研では「いじめ問題プロジェクト」を立ちあげ、2年余りにわたって事件の解明と今後の取り組みについて論議を重ねてきました。その結果は『子どもたちの力でいじめ・自殺克服にとりくむ学校を　──大津中2いじめと自殺について　滋賀民研の見解と提言─』と題して、近く公刊する予定です（ブックレットとして2018年2月発行）。それらもふまえて、今回の事件から学んだことや、いじめ問題にどう取り組んでいけばよいかについて私見をまとめてみました。いろいろな場で論議いただければ幸いです。お読みいただいてのご意見やご感想などもぜひお寄せください。

1 今回のいじめ・自死事件の問題点

1） あまりにも執拗で残酷だったいじめ

自殺した少年（A）は、その年の夏休み頃までは加害者とされる3人と仲の良いグループでした。それが、9月上旬からいじめのターゲットにされました。"遊び"の延長から、いじめ行為が際限なくエスカレートしていきました。自殺後に学校が全校生徒対象に行ったアンケートによって、段る、蹴る、蜂の死骸を食べさせる、はちまきで首をしめかける、テープを口に貼る、お金をまきあげるなどの執拗ないじめの実態が明らかになりました。さらに、報告書は「何度もズボンを脱がされる」「女生徒の前で『告白』させられる」「教室で『お前、きもいんじゃ』『死ね』『お前の家族も全員死ね』などの言葉を浴びせかけられる」など、19件に及ぶいじめ行為を認定しました。その上で、「重篤ないじめは、Aに屈辱感、絶望感、無力感を与え、『生に向かう気力』を喪失させた」「Aの性格などや家庭の問題は自死の要因とは認められなかった」として、「いじめが自死につながる直接的要因になった」と断定しました。

仲のよい友だち同士と見られるグループのなかで行われていたこと、被害者を自死に追いこむほど、その行為が陰湿かつ執拗であったことなど、今日の子どもたち、とりわけ中学生のなかで起こっている典型的ないじめ事件であったと言わなければなりません。

2） なぜ学校はいじめに気づけなかったのか

今回の事件が大きな社会問題となったのは、いじめ行為のひどさもありましたが、これを見過ごし、隠蔽した学校と市教委の対応に社会的な批判が集中したからでした。

クラスの生徒が「いじめられているのではないか」と2度にわたって

担任に連絡をしており、「いじめだ」と思っていた教師もいました。養護教諭が被害生徒の「様子がおかしい。話を聞いてやって」と担任や教頭に連絡していました。それなのに、関係者の会議で、「けんか」だと結論づけられました。いじめに気づくチャンスが何度もあり、またいじめだと思っていた教職員がいたにもかかわらず、情報が教職員集団の間で共通理解されず、学校全体としては、いじめを見過ごしました。担任が自殺した生徒に問いただしたところ「友だちでいたい」と答えたから、いじめではなく「けんかだ」と判断したといいます。今日のいじめが、「仲の良いグループ」の中でやられていることや、いくら苦しくても思春期の子どもが自分から「いじめられている」などとは言わないことには、残念ながら理解が及ばなかったのでした。

　教師は、一見、友だち同士の「ふざけあい」のように見えるなかでの「いじめ」行為を見抜く目、いじめられている子どもの様子や表情の変化から、そのSOSのサインを見逃さない目をもつことが求められます。いじめは、「見ようとして見なければ、見えない」(2006年、福岡県筑前町第三者委員会調査報告書) ことを私たちは肝に銘じ、みずからの感性を研ぎすましていきたいものです。

3） 学校や市教委の隠蔽体質も大きな問題

　少年の自殺直後に、他の生徒たちから教員に対して自発的にいじめの申告があり、少年の父親の申し入れを受けてアンケート調査が行なわれました。アンケートに記名した生徒に対する聞き取りも実施されました。そうした結果、さまざまないじめの実態が明らかになりました。しかし、教職員全体でその結果を確認・検討することは行われませんでした。第三者委員会の報告書は、「本件のいじめに関する、教員たちによる生徒からの聴き取りで得られた情報は膨大なもので、その集約と丁寧な整理だけで、本件いじめの全貌解明にかなり近づけるものであった。

しかし、こうした全貌が、一部の教員を除いて本件中学校の全教員間で共有されることはなかった」と指摘しています。このように、ひどいいじめがあったにもかかわらず、学校は「いじめと自殺との因果関係は不明」だと言い張りました。そして、少年の保護者にアンケート結果を渡した際、「部外秘とする」との誓約書を提出させ、その結果、いじめの実態が9ヶ月あまり闇に封じ込められることとなったのです。

4) 「家庭にも問題あり」は、実は「虚構」だった

さらに問題なのは、学校が10月末に早々と「いじめと自殺との因果関係は不明」だとして、調査を打ち切ったことです。その際、学校と市教委は、家庭環境に自殺の背景的な事情があったかのように主張してきました。この点について報告書は、「学校や市教委がいうAが虐待を受けていたという事実は認められなかった。逆に、学校は『家庭問題』が本当に存在するのかという検討も不十分であった」と指摘しています。さらに報告書は、「結局、学校は、市教委と同様に、いじめと自死との関係を絶ちたいとの潜在的な意向から、『家庭問題』という虚構に乗ったのではないかと推測される」と指摘しています。

わが子が不登校になった時、親は、「自分の子育てはどこか間違っていたのではないか」と自分を責めます。まして最愛の息子が自ら命を絶ったのです。「いったいなぜ？ どうして我が子の悩みに気づいてやれなかったのか？ うちの家は心休まる場所ではなかったのか？」と、親はどんなにか自分を責めたことでしょう。「家庭に原因あり」との情報はそれに追い打ちをかけ、少年の家族をさらに苦しめたに違いありません。そのことを思うと、私は本当に胸が痛みました。

5) 警察・マスコミ・大津市長や市議会の対応も問題

① 生徒に対する暴行容疑での学校や市教委事務局の強制捜索は極めて

異例のことです。子どもたちや保護者、教職員にも不安や動揺を与えており、行き過ぎだったと言わざるを得ません。しかし、学校の隠蔽体質もあって、警察が強制捜索をして関係資料を押収しなければここまで真実が解明されなかっただろうとも思われ、私は複雑な気持ちです。

② いじめ行為が度を過ぎており、学校や市教委の対応があまりにもひどかったとはいえ、ネット上での「犯人あばき」と糾弾、学校や市教委への電話やメールでの「抗議」の集中、さらに学校の爆破予告などは看過できません。ましてや教育長襲撃にいたっては言語道断です。閉塞的な社会状況の反映ともみられますが、尋常な状況ではありません。

③ マスコミのセンセーショナルな取り上げ方も問題です。学校や市教委の対応のひどさがあったとはいえ、生徒や保護者に対する過剰な取材攻勢があり、保護者が当該校の教師について肯定的な評価を語った場合にはまったく無視されたといいます。公平・公正な報道だったとはとうてい言えないように思われます。第三者委員会も、報告書の最後に「マスコミの使命」という項目を立て、「学校や教育委員会さらには加害をした子どもたちを社会的に無軌道な憤りで追い詰めることは、将来に向かってのいじめの抑止には繋がらない。それは……事態を混乱させる以外の何ものでもない」と述べています。

④ 越大津市長による市教委のずさんな対応への批判と第三者委員会による再調査の実施は当然です。また、教育委員会が形骸化しているとの批判もうなずけます。しかし、教育委員会制度そのものに問題があるとの指摘は、戦後教育の大原則である教育行政の自立性を否定し、行政権力による学校教育への介入・支配を助長することになります。越大津市長の教委不要論は、橋下大阪市長や日本維新の会

の主張にも連動し、政府・自民党の教育委員会制度改悪の引き金に
なったことは大変残念です。

⑤　大津市議会が「いじめ防止条例」を制定したことも大きな問題で
　す。今回の条例では、当初、いじめられた子どもやいじめを見た子
　どもに報告を義務づける条項があり、大きな反発を受けました。さ
　すがに、その条項は、「相談するものとする」から、「相談できる」
　と改められましたが、「子どもの役割」を規定した「いじめ防止条
　例」は、全国でも例がないといいます。さらに、第2次安倍内閣
　の手で「いじめ防止対策推進法」が制定されることにつながりまし
　た。しかし、法律や条例で決めたからといって、いじめがなくなる
　はずがありません。極めて危険な動きであると言わなければなりま
　せん。

2　今日のいじめをどうとらえ、どうとりくむか

1）　いじめられた子どもが、なぜ助けを求めないのか

「自殺するほど苦しかったら、なぜ親や教師に助けを求めないのか」
と、多くの大人は不思議に思います。しかし、それは、いじめられてい
る子どもの心情を理解しない傍観者的な見方です。

　いじめられている子どもは、とりわけ思春期の場合、「いじめられて
いる自分が情けない」と思っています。プライドが「いじめられている
自分」を許さない。そんな情けない姿を親に見せたくない、また、親に
心配をかけたくないという思いから、うちあけて、相談することができ
ないのです。

　では、教師にうちあけたらどうか。それは「チクリだ」ということに
なります。「チクリ」は卑怯なことだし、かえって「仕返し」を受ける
心配もある。それも怖いし、第一、子どもの世界の出来事を反抗すべき

対象である大人に「チクル」ことは、子どもの世界の仁義に反することだと思いこんでいるのです。

　また、思春期の子どもにとっては、いじめている子どもも自分の友だちであり、精神的自立期における大切な依存場所となっています。今回の事件の場合も、第三者委員会の報告書は、少年がいじめ行為に抵抗できなかったのは、加害少年たちと「共依存関係」にあったからだと指摘しています。

　より根本的には、いやなことは「いやだ」と拒否し、辛抱できなくなれば「助けてほしい」と訴えるのは、人間として当然の権利であるということが自覚できていないのです。そのことを家庭や学校で幼い時からきちんと教えていくことが大切です。

2）　いじめられている子どものケアを第一義的に

　いじめは相手の人格を傷つけ、人間としての尊厳をないがしろにする、明白な人権侵害行為です。その態様によっては、刑法が定める暴行・傷害・脅迫・恐喝・強要・名誉棄損などの罪に該当します。親や教師はそのことをきちんと認識し、いじめは絶対に許さないという態度をつらぬく必要があります。いじめが深刻な場合には、今回のように自死を招く危険さえあります。そこまでいかなくても、いじめられた子どもは、他人を信頼できなくなったり、対人関係がうまく保てなくなるなど、将来にわたって後遺症（心的外傷）に苦しみます。いじめが原因で不登校になるケースも少なくありません。子どもたちの命と安全を守ることを最優先に、学校の責任で教育の課題として解決をはからなければなりません。

　学校や家庭が一番優先すべきは、いじめられている子どものケアです。いじめられているつらい気持ちを十分に聴きとり、つらさに共感し、親や教師が味方であること、いじめをやめさせるために全力でとり

くむことを、誠心誠意、伝えます。「つらくて、辛抱できなかったら学校は休んでもかまわない」ことも、あらかじめ伝えておく必要があります。「いじめられている側にも問題がある」という周りの見方が、いじめられている子どもをいっそう追いつめている場合もあります。いじめられるのは「あなたのせいではない」「あなたには何も悪いことはない」ということをしっかり伝えることが大切です。自尊心を取り戻し、生きる勇気をはぐくむよう援助します。ケアの基本は、その人の成長と自己実現を助けることです（参考：ミルトン・メイヤロフ著、田村真・向野宣之訳『ケアの本質 ―生きることの意味―』ゆみる出版、1987年）。

3） いじめる子どもの人間的な成長をはかる

　いじめた子どもたちには、自分たちの行為が相手の心をどれだけ傷つけたかに気づかせ、反省させ、謝罪させることが必要です。しかし、それは最終的な課題であって、性急にそれを求めないことが大切です。まずは、親や教師がいじめた子どもの気持ちをじっくり聴きとることです。そして、自分で事実と向き合わせることです。いじめた子どもの心情に理解を示すことも必要です。いじめている子どもの心の内面とその背後にある生活世界を深くつかむことなしに、子どもたちがいじめの世界から抜け出るよう援助することはできないと思うからです（参考：福井雅英『子ども理解のカンファレンス ―育ちを支える現場の臨床教育学―』かもがわ出版、2009年）。

　その上で、いじめられた子どものつらい気持ちを教師ができるだけ詳しく聴きとり、それをいじめている子どもたちに伝えることです（立場を逆転させる。被害者の苦しさを理解させ、心に響かせる）。

　さらに、いじめ行為はいじめる側の人格をもおとしめるものであり、いじめた子どもたちにも、「人間的に成長してほしい、他人の心の痛みがわからないような人間にはなってほしくない」という親や教師の気持

ちを伝えます。

いじめる側の子どもたちは、何らかの問題を抱えていたり、それなり
の背景をもっている場合も多くあります。いじめている子どもの抱えて
いる問題や背景にも心を寄せ、彼らが自分の抱えている問題を自覚し、
自分で解決していくようサポートすることが必要です。

留意しなければいけないのは、安易に、いじめた子どもたちといじめ
られた子どもを集めて「仲直り」させることです。いじめた子どもたち
が心から反省していない限り、形だけ「仲直り」させても、それは本当
の解決にはなりません。かえって、教師の見えないところで、いじめ行
為をいっそう激化させるおそれさえあります。今回の大津の中学校の場
合でも、自殺の6日前、担任がいじめている子どもと自殺した少年とを
ハグさせて、「仲直りさせた」としていました。

4） 子どもたちがいじめに立ち向かう力を

いじめられた者が、助けてほしいと訴えることは人間としての当然の
権利です。また、いじめを見た者が、「やめなさい」ととめること、自
分一人でやめさせることができない時に親や教師に報告することは、
「チクリ」でもなんでもなく、むしろ友だちとして当然なすべきことだ
と、日頃からきちんと教えておくことが必要です。もちろん、親や教師
に報告すれば、しっかり受けとめて、必ず解決してくれるという、信頼
関係が平生からできていなければなりません。

周りの子どもたちが、いじめを「見て、見ぬふりをする」ことが、い
じめ行為をいっそう助長します。学級や子どもたちの状況を見極めた上
で、いじめをなくすことを学級や学年・学校全体の課題として提起し、
子どもたち自身の取り組みをすすめることが必要です。いじめられてい
る子どもが直接訴えることは難しくても、親しい友人が代わって訴える
ことはできます。中学校や高校であれば、生徒会の課題としてとりくむ

ことが大切です。

大津市の当該中学校の生徒たちは、友だちの自死を招いた深刻ないじめを自分たちが止められなかったことを反省して、生徒会が中心になって、いじめをなくそうととりくんでいます。「O中悩み相談プロジェクト」というのを立ち上げました。生徒たちがカードに書き出した悩みに生徒会の役員が回答を書いて廊下に張り出すというとりくみです。また、一昨年（2012年）10月11日の少年の一周忌の際には、生徒会の主催で追悼集会をもっています（追悼集会は、その後毎年度もたれている）。私は、そこに学校再生への希望を見出す思いがしています。

5）　自殺予防のとりくみ

精神科医の中井久夫は、いじめの被害者について、「自分が意気地なしで醜態を人目に何度となく曝した世を憚る人間だと思い込んでいる」として、「自殺は最後の自己の尊厳を守る行為でありうる」と述べています（ジュディス・L・ハーマン著、中井久夫訳『心的外傷と回復』みすず書房、1996年「訳者あとがき」）。今回の第三者委員会の報告書も、少年は「14階から飛び降りることにより、『暗いいじめのトンネル』を抜けようとしたのである」と述べています。「絶望感が非常に強い場合には、外に向けることのできない攻撃性が自分自身に向かうというのは自然の流れである」という指摘もあります（ヘルガー・ケスラー・ハイデ著、加納教孝訳『我が子の自殺のサインを読みとる』インデックス出版、2005年）。

いじめが深刻な場合には、心的外傷（PTSD）から自死を招く危険があることを認識して、学校や家庭での自殺予防のとりくみが必要です。

6）いじめが出ない学級づくり・学校づくりこそ

大阪教育文化センターが2006年に実施した第3回「子ども調査」では、「何か困ったことや問題があった時、みんなで話し合うことができ

る」学級ほど、いじめが少ないことが明らかになっています（大阪教育文化センター「第3回大阪子ども調査」研究会編『21世紀を生きる子どもたちからのメッセージ ―第3回大阪子ども調査から―』三学出版、2010年）。

　いじめが出ないような学級づくり、学校づくりこそが必要です。第三者委員会の報告書でも、「学校への提言」のなかで、「生徒の学校参加」の項を立て、「学級集団づくり」とともに「生徒会活動」を挙げ、それぞれの充実の必要性を説いています。

　また、平生から人権や命の大切さをきちんと教える教育が大切なことは言うまでもありません。もちろん、私たち大人自身が、日頃から命や人権を大切していなければなりません。そういう意味では、今回の第三者委員会の報告書なども活用して、いじめ問題についての教職員の研修や父母も交えた学習がぜひとも必要です。

　安心と自由と命が保障される楽しい学校、自主活動が活発な、子どもが主人公の学校づくりが大切です。常に弱い立場の仲間への連帯と協同づくり。つらさの共有。失敗を許しあう。自分とは違う異質な他者に対する「寛容の精神」を、学校や家庭、そして社会全体で、ぜひとも涵養していきたいものです。

7） 教育環境改善のとりくみと教育政策の根本的な転換を

「教員評価制度」や重層的管理体制の導入、職員会議の「校長の校務運営のための補助機関」化など、この十数年来、さまざまな形で教師に対する上からの管理・統制が強化されてきました。その結果、教師たちがバラバラに分断されて同僚性が損なわれ、自分の領分だけを守ろうとして、子どもたちのために力を合わせて取り組むことができにくくなっています。そうした状況が「いじめ」問題に対する学校のとりくみを弱め、隠蔽体質を助長しているように思うのです。

　今、すさまじいばかりの「上からの教育改革」の進行によって、教育

現場が振り回されています。「多忙化」がおしつけられ、教師が、一人ひとりの子どもときちんと向きあい、人間的なかかわりをもち、人間的な発達を促すことができなくなってきています。こうした状況を根本的に改めることなしに、いじめ問題を解決することはできません。第三者委員会の報告書も、今回の問題の背景として「教師の多忙化」や「大規模校の抱える問題点」「学校選択制の弊害」などをあげています。

　教師が一人ひとりの子どもたちの声にゆっくり耳を傾け、そのSOSのサインを見逃さないためには、多忙化の解消や教職員の増員が絶対必要です。親もそうした問題に関心を寄せ、教師たちと協力してとりくんでいきたいものです。

　国連子どもの権利委員会がいじめ根絶のために努力するよう3度にわたって勧告してきたにもかかわらず、日本政府が一貫してこれを無視してきたことも指摘しておかなければなりません。いじめが出ないような学校や社会をつくるためには、国連「子どもの権利条約」の遵守と実行こそが必要です。

おわりに

　第2次安倍内閣は、昨年、「いじめ防止対策推進法」を制定し、さらに「道徳の教科化」を行おうとしています。しかし、こうした上からの統制の強化や「道徳」の押しつけ、法令によって子どもの言動を細かく監視したり、厳罰主義によって「いじめ」が解消するはずはありません。皮肉なことに、今回の当該中学校は、少年が自殺する前年までの2年間、文部科学省の「道徳実践研究事業」の指定校でした。当該学年の生徒たちは1年生の時、その「道徳」教育を受けていました。

　いじめ問題を解決するためには、競争主義的な教育制度・政策を根本的に転換し、学校に安心と自由をとりもどすこと、さらにはこの国の政治や社会のあり方を根本から改めていくことこそが必要なのです。親と

教師が力あわせて、そのことにとりくんでいこうではありませんか。

　自死せざるを得なかった少年の無言の訴えに応えるためにも！

⑦ 「指導死」について考える

(初出：『登校拒否・不登校問題全国連絡会ニュース』第130号、2018年12月)

教師の執拗で暴力的な叱責に追い詰められて……

　2017年3月、福井県の中学校で、2年生の男子生徒が校舎3階の窓から飛び降り、自死しました。遺書らしきものが残されており、町教委が有識者による調査委員会を設置、遺族や生徒などから聞き取り、生徒が死に至った背景を調べました。その結果、担任らによる暴力的で執拗な叱責に追い詰められていたことが明らかになりました（10月15日公表）。町教育長は「学校の対応に問題があった。大変深く反省している」と謝罪しました。

　新聞報道によると、当該校は全校生徒数40人の小規模校。自死した生徒は「まじめで優しい努力家だが、対人関係が器用でない一面がある」（調査委員会報告書）と指摘されています。生徒会の副会長としてがんばっていたようですが、校内マラソン大会の準備が不十分だということで、他の生徒も聞くに堪えないような大声で担任が叱責していました。宿題が未提出だというので、副担任から、生徒会の役員や部活をやめるように言われ、「やらせてください」と土下座するように謝っていました。このように担任と副担任からの長期にわたる叱責に堪えかねて、自死に至ったようです。とりわけ、副担任の叱責がひどいことから、母親が「副担任を代えてほしい」と担任に申し出ていたのに、何の改善策もとられなかったということです。小規模校なので、校長や教頭が担任や副担任のひどい叱責を目撃していたこともあったといいます。

「指導死」って何？

　「指導死」という言葉を初めて聞く人もおられるかもしれません。教師の体罰や行き過ぎた暴力的な「指導」によって、子どもが死亡したり、追

い詰められて自死するという、学校にあってはならない事件を指します。

　古くは、神戸の高校での「校門圧死事件」がありました（P.114参照）。登校時刻が終わったというので、強引に鉄製の門扉を閉めた教師によって、遅刻ぎりぎりで校門に駆け込んだ生徒が頭蓋骨粉砕骨折によって即死したのです（1990年）。2012年12月、大阪市立桜宮高校で、バスケットボール部の主将だった男子生徒が顧問の教師からの度々の体罰や暴言を受けて自死。顧問が暴行罪で有罪になった事件は、まだ記憶に新しいと思います。

　こうした事件の被害者の家族によって「『指導死』親の会」が結成され、「指導死」をなくすために活動しています。同会では「指導死」を次のように定義しています。

① 　不適切な言動や暴力行為などを用いた「指導」を、教員から直接受けたり見聞きすることにより、児童・生徒が精神的に追い詰められ、死に至ること。

② 　妥当性・教育的配慮を欠く中で、教員から独断的、場当たり的な制裁が加えられ、結果として児童・生徒が死に至ること。

③ 　長時間の身体の拘束や反省、謝罪、妥当性を欠いたペナルティーなどが強要され、それらへの精神的苦痛に耐えきれずに児童・生徒が死に至ること。

④ 　暴行罪や傷害罪、児童虐待防止法での虐待に相当する教員の行為により、児童、生徒が死に至ること。　　　（朝日新聞2017年10月22日付）

なぜなくならないのか「指導死」
── その背景と要因

　子どもたちにとって安全で安心な居場所であるべき学校で、なぜ、こうした事態が繰り返されるのでしょう。その背景や要因をどうとらえればよいのでしょうか。私は、次のような問題があると思っています。

　第一は、文部科学省や地教委によって、長期にわたり管理主義的教育が推奨されてきたことです。多くの問題点がありますが、ここでは「ゼロ・トレランス」を取りあげておきます。トレランスとは寛容ということ。したがって「ゼロ・トレランス」とは「寛容度ゼロの生徒指導」ということです（P.30参照）。「寛容」とは「寛大で、人をゆるし受けいれること」（広辞苑）です。今日の学校で最も求められていることだと私は思いますが、それを逆にゼロにするというのですから、びっくりしますね。もともとは、教育用語ではなく、犯罪学の「割れ窓理論」に基づくものです。それが、校内暴力が深刻化した1970年代のアメリカで、その対策として採用されました。2004年に長崎県佐世保市で小学 6 年女子の同級生刺殺事件（P.129参照）が起きた後、文部科学省教育政策研究所生徒指導研究センターが2005年度から「生徒指導体制の在り方についての調査研究」に取り組みます。その際、「学校内の規律の維持を志向する『ゼロ・トレランス（毅然とした対応）方式』……についても調査研究する」とされたのが、わが国での導入の始まりです。今では全国各地で採用・推奨され、教師たちの意識にも浸透してきています。おそらく福井県の当該中学校の教師たちもこれにとらわれていたのではないでしょうか。

　二つ目に、大変残念なことに、日本の教師たちの間に、牢固として定着している「子ども観」「教育観」の問題です（P.62参照）。「教師は子どもを指導するのが仕事だ」という意識です。「個人の尊重」（憲法第13条）の大原則は、当然、すべての子どもたちに適用されなければなりません。「子ども一人ひとりが人格の主体である。子どもは自分の力で育っていくのであり、教師の仕事はそれを援助し、促進することだ」との自覚がないことです。子どもたちのどんな行動にもわけがあること。一見、逸脱したと思われる行動にも、そうせざるを得なかった子どもの側の事情があること。それをきちんと聞き取った上で、それで良かったのどうかを、子どもと一緒に考えることこそが教育という営みだと私は思

います。

　三つ目に、学校の体制の問題です。当該中学校は単級の小規模な学校です。担任や副担任による長期にわたる執拗な叱責は、管理職や他の教師の目にもとまっていたはずです。それが見過ごされていたのです。残念ながら学校には、他の教師の「指導」にたとえ問題があっても口を挟まない雰囲気があります。管理職の責任も含めて、検討すべき課題です。

　P.113でも述べましたが、今年（2018年）は「児童憲章」が採択されて67年になります。その前文には、次のようにうたわれています。

　児童は、人として尊ばれる。

　児童は、社会の一員として重んぜられる。

　児童は、よい環境のなかで育てられる。

　日本のすべての学校で、すべての地域で、社会全体で、児童憲章を遵守していきたいものです。そうすれば、学校に行けない子どもたちも、大幅に減るのではないでしょうか。

おわりに

　生来、納得できないことには黙っておられない性分で、そのときどきに「これはおかしい」と思ったことについては、できるだけ情報を集め、分析を加え、自分なりの見解をまとめてきました。

　幸い、多くの知人・友人に恵まれました。また、今日まで健康に過ごすこともできました。そうした事情で、86歳近い今も、滋賀県民主教育研究所、登校拒否・不登校問題滋賀県連絡会、同全国連絡会、滋賀県高等学校退職教職員協議会、部落問題研究所教育部会、滋賀文化懇話会、歴史修正主義批判研究会などに名前を連ねています。それぞれのところで発表の機会を与えていただいたことは、本当にありがたいことでした。

　今回、そのときどきに書き上げた原稿の中から、主として教育問題にかかわるものを拾い上げ、冊子にまとめました。文中、実名のところとそうでない場合もあり、整合性に欠けていますが、初出の記述を基本にしました。

　出版に際しては、サンライズ出版に無理を聞いていただきました。とりわけ、同編集部の矢島潤氏には格別にお世話になりました。同氏のご協力がなければ、こうして拙著を上梓することはできませんでした。記して厚く感謝の意を表します。

　原稿を活字にするのも、おそらくこれが最後になるだろうと思います。家のことはほっぽりだして、勝手気ままにやりたいことをやらせてくれた家族の支えもありがたいことでした。

　　子の春や　あの世の土産　上梓して　　　　未稔子

著者略歴

山田　稔　（やまだ・みのる）
1934年、大津市で生まれる
京都大学文学部史学科卒業
滋賀県内の高校で社会科の教員として38年間勤務
退職後、立命館大学非常勤講師・同教職支援センター職員
現在、滋賀県立大学非常勤講師、幻住庵保勝会理事
滋賀県民主教育研究所副理事長

教育のあり方を問う　　政策批判と「子ども事件」

2020年2月29日　初版第1刷発行

著・発行　　山田　稔
　　　　　　〒520-0844 大津市国分1丁目9-24
　　　　　　TEL／FAX 077-537-3855
　　　　　　　携帯TEL 090-7762-9431
　　　　　　　Eメール minoruchi@leto.eonet.ne.jp

制作・発売　サンライズ出版株式会社
　　　　　　〒522-0004 滋賀県彦根市鳥居本町655-1
　　　　　　TEL 0749-22-0627　FAX 0749-23-7720